Ingeborg von Lips

Mit diesem Hallischen Blick



- Witziges
- Spritziges
und noch mehr
Geistvolles
aus Halle

Zur Freude für Dich
liebe Dorothee
von
Marianne

im Mai 2010 in Berlin

Ingeborg von Lips

# Mit diesem Hallischen Blick

## Curt Goetz und Gottfried August Bürger
## Aus ihrem Werk und Leben

Projekte-Verlag Cornelius

Die Veröffentlichung wurde gefördert durch:

HALLE ✶ Die Stadt

LANDESHEIMATBUND SACHSEN - ANHALT e. V.

Impressum

1. Auflage

Mitglied im Börsenverein des Deutschen Buchhandels



Satz und Druck: Buchfabrik Halle • www.buchfabrik-halle.de

ISBN 978-3-86634-946-9
Preis: 10,50 EURO

## Inhaltsverzeichnis

# EINFÜHRUNG

Was verbindet zwei Schriftsteller deutscher Sprache, deren Wirken 150 Jahre auseinanderliegt? Der eine wird der anspruchsvollen Lyrik (Ballade) und „Münchhausen“, der andere der geistreichen Boulevard-Komödie zugeordnet. Simple Antwort: viel mehr als die zeitlichen und genremäßigen Aspekte ahnen lassen.

Wir wollen beim Einfachen beginnen: die Stadt Halle an der Saale, die alte Schul- und Universitätsstadt im heutigen Sachsen-Anhalt, war für beide heranwachsenden Knaben der Ort bewussten Lernens von Schulstoff und Leben, aber auch Ort der Anerkennung und Chance für ihre spezielle Begabung.

Über Gottfried August Bürger (1747-1794) wissen wir, dass es sein strebsamer und gutsituierter Großvater war, der den Knaben in zwei Anläufen nach Halle schickte: 1760 und 1764. Zuerst für drei Jahre an die Franckeschen Stiftungen auf das damals exquisite Pädagogium (1760-1763): *also vor 250 Jahren.*

Hier erlebte „der kleine Bürger“ erste Erfolge und Anerkennung. Der äußere Rahmen seines Aufenthalts war aber durch die politischen Verhältnisse und die daraus resultierende Not geprägt – die letzten Jahre des siebenjährigen Krieges.

Nach einem Rückruf in die heimatlichen Gefilde kam der junge Mann Bürger wieder nach Halle, jetzt an die Universität zum Studium der Theologie (1764), wie einst sein Vater. Diesmal dauerte der Aufenthalt dreieinhalb Jahre. Dann war Schluss. Und er wechselte Studienrichtung und Ort: Studium der Rechte in Göttingen. Sicherlich hat ihn im Pädagogium und an der Universität Halle die besondere Atmosphäre des späten Pietismus und des aufbegehrenden Studententums geprägt, bis hin in seine entstehende Dichtung. Besonders das gesellige Studentenleben mit Bekanntschaft von Alkohol und jungen Mädchen tat ihm nicht immer gut und war ein Dorn im Auge des zahlenden Großvaters. Wanderlegenden über eine Karzerstrafe begleiten seinen Aufenthalt in Halle. Andererseits hat der begabte Scholar und dann Studiosus in der Saalestadt seine Sprachenkenntnisse vertieft und erweitert, viel Anerkennung und einen Mentor (Adolf Klotz) besonderer Art gefunden. Der junge Bürger hat in Halle gelernt, seinen Blick für das Ästhetisch-Schöne, für städtische Lebensverhältnisse und im Geselligen angewandte klassische Philologie zu entwickeln. Sein Aufenthalt in Halle hat ihn aus der Enge der Provinz hinausgeführt und gehört zu den schönsten Abschnitten in seinem dann recht tragisch verlaufenen Leben.

Großvater und Pädagogium: das sind auch für Curt Goetz (1888-1960) Stichworte, die diesen Meister der deutschsprachigen Komödie im 20. Jahrhundert betreffen. Die Umstände und Anläufe sind verschieden zu denen in Bürgers Leben, aber doch ist es erstaunlich, dass im Lebensverlauf beider Künstler die Großväter (mütterlicherseits) ein entscheidender Bildungsfaktor waren.

Der Großvater Bürgers, der Landwirt Johann Friedrich Bauer, hatte den wohl ein wenig passiven, noch lebenden Vater im Grunde „übergangen", als er den in Molmerswende geborenen Knaben zur Ausbildung nach Halle schickte.

Als Curt Goetz mit seiner Mutter Selma zum Jahre 1890 als knapp Zweijähriger nach Halle kam, da war es für die Mutter eine Rückkehr in die Heimatstadt, und für ihre beiden Söhne Hans und Curt (damals noch Kurt) ein Kennenlernen des imponierenden Großvaters Friedrich Wilhelm Rocco. Goetz schreibt in seinen Memoiren andeutungsweise über ihn, dass er ein fröhlicher Großvater war und zugleich einer mit einer bemerkenswerten Karriere. Diese lag zwar hinter ihm, war aber in der Persönlichkeit spürbar, und vor allem in der großen Rocco-Familie.

Der Großvater war Mitte des 19. Jahrhunderts, als Schauspieler aus Bremen bzw. Hamburg kommend, nach Halle gezogen und hatte nicht zuletzt aufgrund seines schriftstellerischen Erfolgs hier als Tanzlehrer einen beispielhaften Aufstieg errungen – vom Pädagogium zur Universität. Er blieb in Halle, und für die neu gegründete Familie (sechs Kinder) entwickelte sich die Universitätsstadt Halle an der Saale zum Erfüllungsort gesellschaftlicher Akzeptanz.

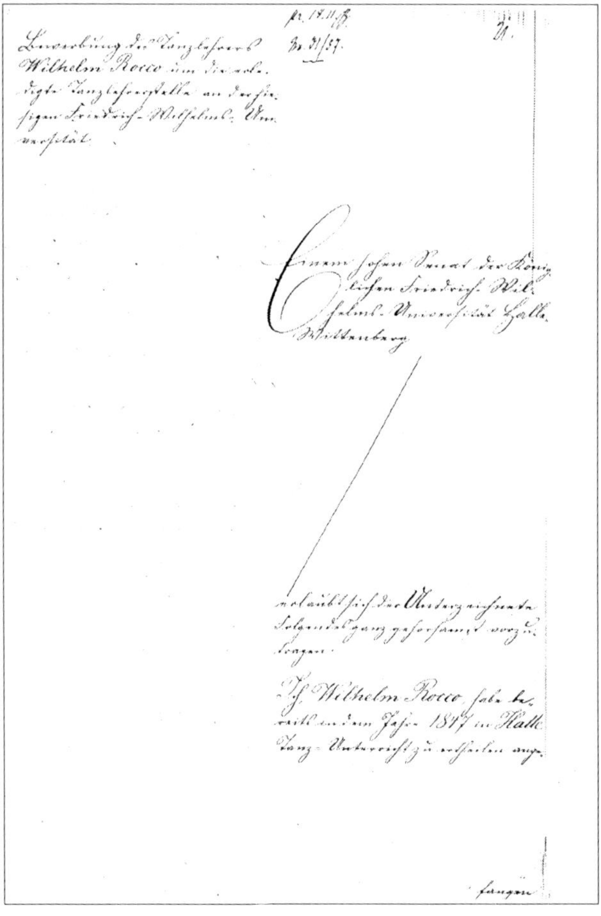

Bewerbung des Tanzlehrers Wilhelm Rocco um die erledigte Tanzlehrerstelle an der hiesigen Friedrich-Wilhelms-Universität.

Einem hohen Senat der Königlichen Friedrich-Wilhelms-Universität Halle-Wittenberg

erlaubt sich der Unterzeichnete Folgendes ganz gehorsamst vorzutragen.

Ich Wilhelm Rocco habe bereits in dem Jahre 1847 in Halle Tanz-Unterricht zu ertheilen angefangen

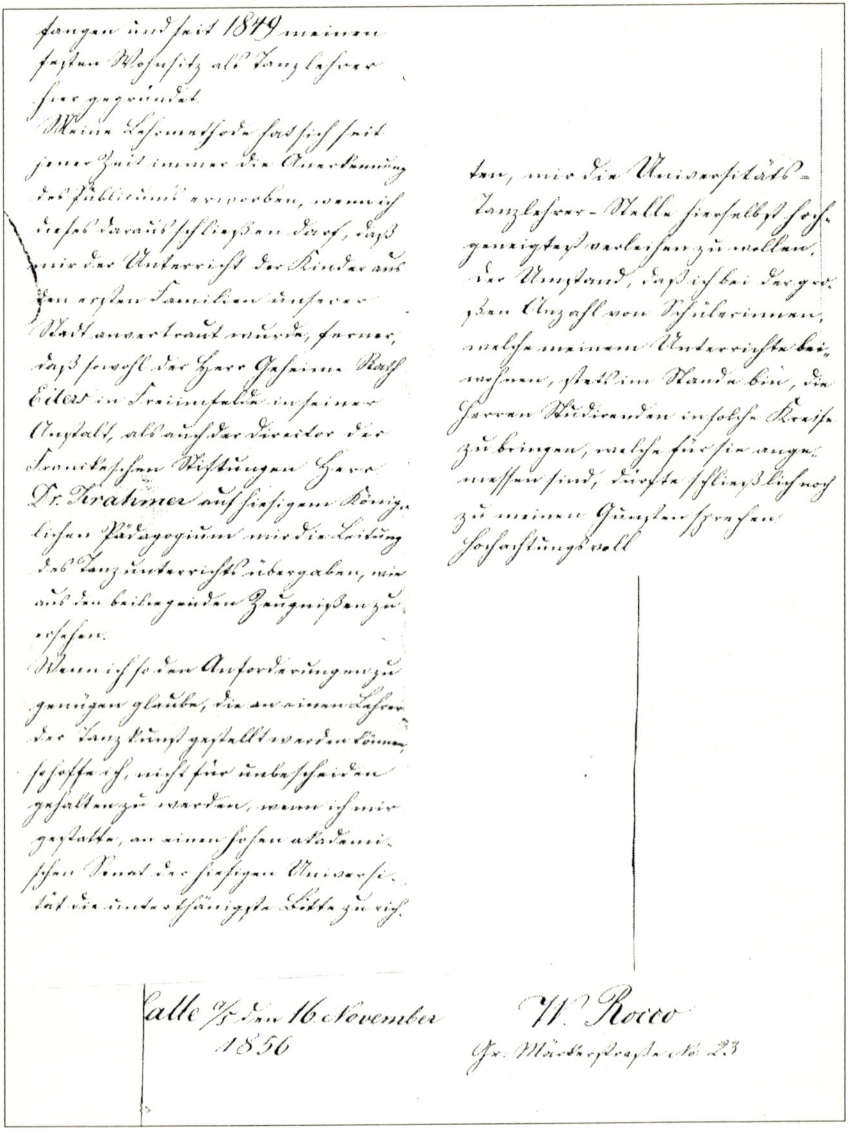
fangen und seit 1849 meinen
festen Wohnsitz als Tanzlehrer
hier gegründet.
Meine Lehrmethode hat sich seit
jener Zeit immer die Anerkennung
des Publicums erworben, wenn ich
dieses daraus schließen darf, daß
mir der Unterricht der Kinder aus
den ersten Familien unserer
Stadt anvertraut wurde, ferner,
daß sowohl der Herr Geheime Rath
Eilers in Freimfelde in seiner
Anstalt, als auch der Director der
Franckeschen Stiftungen Herr
Dr. Kramer auf hiesigem König-
lichen Pädagogium mir die Leitung
des Tanzunterrichts übergaben, wie
aus den beiliegenden Zeugnissen zu
ersehen.
Wenn ich so den Anforderungen zu
genügen glaube, die an einen Lehrer
der Tanzkunst gestellt werden können,
so hoffe ich, nicht für unbescheiden
gehalten zu werden, wenn ich mir
gestatte, an einen hohen akademi-
schen Senat der hiesigen Universi-
tät die unterthänigste Bitte zu rich-
ten, mir die Universitäts-
Tanzlehrer-Stelle hierselbst hoch-
geneigtest verleihen zu wollen.
Der Umstand, daß ich bei der gro-
ßen Anzahl von Schülerinnen,
welche meinem Unterrichte bei-
wohnen, stets im Stande bin, die
Herren Studirenden in solche Kreise
zu bringen, welche für sie ange-
messen sind, dürfte schließlich noch
zu meinen Gunsten sprechen
Hochachtungsvoll

Halle a/S den 16. November
1856

W. Rocco
Gr. Märkerstraße No. 23

Bewerbungsbrief von Wilhelm Rocco für die Stelle als „Universitäts-Tanzlehrer" vom 16. November 1856 (Universitätsarchiv Halle)

Der junge Curt Goetz, zunächst als Halbwaise in Halle aufgewachsen, erkannte dagegen sehr bald, dass ihm ein Verharren in den großväterlich erworbenen Strukturen nicht genügen würde. In seinen Augen war klar, dass Halle für ihn Stillstand und kein Weiterkommen bedeuten müsste. So strebte er fort, den gesellschaftlichen Weiteraufstieg vor Augen, nach dem Schulabschluss im Stadtgymnasium (1906), und ging an den verheißungsvollsten Ort der Zeit und der Umgebung: nach Berlin. Er begann also seinen eigenen Aufstieg zum Schauspieler, Regisseur und Schriftsteller von Rang. Gar keine Frage (von der Begabung abgesehen), dass er seinen eigenen Blick für gesellschaftliche (und gesellige) Verhältnisse durch des Großvaters Vorbild hatte schulen können. So hat das gesellschaftskritische Element bei Goetz auch immer einen didaktischen Ansatz.

Bürger und Goetz verbrachten einen wichtigen Teil ihrer Ausbildungszeit in Halle an der Saale. Für beide Autoren ist die Stadt ein Ein- bzw. Ausstiegspunkt gewesen auf dem Weg zu Entfaltung, Anerkennung und Ruhm. Hier lernten sie ihre Chancen kennen, sie auszuloten, auszuprobieren und daraus Konsequenzen zu ziehen.

Beide verließen die Stadt in jungen Jahren: Bürger ging nach Göttingen, Goetz nach Berlin. Ihre Schicksale verliefen in völlig verschiedene Richtungen. Aber einen gewissen Sinn fürs Phantastische, dem ein kritischer Blick aufs Wirkliche vorausgeht, den haben sie vermutlich aus ihrer Jugend in Halle mitgenommen und in ihren Werken charakteristisch geformt.

So verstehen sich Bürgers berühmte Münchhausen-Geschichten nicht nur als flunkernde Aufschneidereien, sondern sie implizieren intentional Kritik eines Sympathisanten der Französischen Revolution an herrschenden Zuständen – von der persönlichen bis zur politischen Situation. Die Komödien von Curt Goetz – die wohl bekannteste „Das Haus in Montevideo" – lassen in ihren geistreichen Dialogen und spannender Dramaturgie genauso den Gesellschaftskritiker bis hin zum ironischen Visionär („Ausbruch des Weltfriedens") erkennen. Im persönlichen Leben hat sich die Sehnsucht einer anhaltenden erfüllten Liebe für Bürger leider nie realisiert, dagegen ist Curt Goetz ohne seine Ehe-, Schauspiel-, Schriftstellerpartnerin Valérie von Martens nicht vorzustellen. Über Jahrzehnte wirkten sie gemeinsam, und nach seinem Tode (1960 – *also vor 50 Jahren*) hat Valérie von Martens die Lebenserinnerungen ihres Mannes vollendet. Dass darin auch Halle vorkommt, versteht sich von selbst. Sie schaute mit ihrem speziell liebenswürdig-österreichischen Blick auf die Heimatstadt ihres Mannes.

Bleibt zu fragen, was denn ein „Hallischer Blick" sein könnte. (Wir finden den Begriff im Goetzschen Einakter „Der fliegende Geheimrat".) Möglicherweise ist er ja in den Werken von Bürger und Goetz bis auf heutige Zeit spürbar umgesetzt worden. Diese Stadt mit großen sozialen Kontrasten hat ihre aufmerksamen Bewohner sensibilisiert und ausgestattet mit einem skeptischen Blick aufs Reale, der dann auch ein Abwenden zur Folge haben kann. Zugleich ist dieser Blick auch erwartungsvoll. Wenn er darin enttäuscht wird, zeigen sich zwei Reaktionen: phantastisch-ironische Realitätsverzerrungen im Dienst eines Abschüttelns von Resignation – so handelt immer wieder Bürgers Münchhausen –, oder, wie bei Curt Goetz, eine feine geistreiche und schlagfertige Kritik an Bestehendem.

Curt Goetz steht uns Heutigen natürlich zeitlich näher, nicht zuletzt durch die zahlreichen Verfilmungen seiner Komödien. Sie wurden auch schon in neueste Medien (z. B. DVD) überführt – welche Chance! Auch das seit Goetz weithin unveränderte Stadtbild Halles erleichtert den Zugang zu diesem Autor des 20. Jahrhunderts – der Hauptbahnhof steht ja noch. Diese Zeitnähe soll Curt Goetz im vorliegenden Lese-

buch vor Gottfried August Bürger stellen, dessen Leben und Wirken in Halle entfernter und umrisshafter erscheinen.
Das vorliegende Lesebuch möchte vielen Literaturfreunden einen anregenden Einblick in das Werk der beiden in Halle aufgewachsenen Autoren ermöglichen. Aus diesem Beweggrund habe ich eine lockere, eher thematisch begründete Anordnung der jeweiligen Originaltexte beider Autoren hergestellt. Chronologie ist nicht primär angestrebt, sondern verknüpfender Zusammenhang. Um die Lesbarkeit und Verständlichkeit der zitierten Werke Bürgers zu erleichtern, wurde weitgehend auf Fußnoten verzichtet, kurze Erklärungen kursiv in Klammern gesetzt, längere Erläuterungen kursiv ohne Klammern. Ein weiterführendes Literaturverzeichnis und eine biographische Zeittafel bilden den Abschluss dieses Lesebuches.

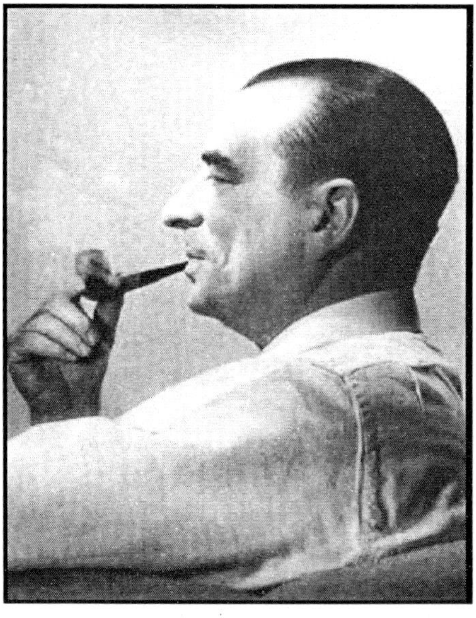

Curt Goetz mit Pfeife
(Valérie von Martens, 1944 in USA)

# CURT GOETZ

## A. *Vorwort*

Peterhans von Binningen? Ja, so nannte sich Curt Goetz (bürgerlich: Kurt Götz) in seinen Memoiren nach dem Großvater väterlicherseits, einem Arzt im schweizerischen Binningen. Der war in einem Wäldchen vor dem Ort lange vor Curts Geburt ermordet worden.
Interessanterweise ist dieser (dem Knaben unbekannt gebliebene) Großvater ein deutscher Arzt gewesen, in Marburg geboren, der Mitte des 19. Jh. aus unbekannten Gründen in die Nähe Basels auswanderte und sich mit einer Summe von 900 Franken die Schweizer Staatsbürgerschaft erwarb. Verheiratet war er mit einer jungen Westfälin; die Hochzeit hatte in der Heimat der Braut (Karolina Hungerland) stattgefunden (Brakel bei Höxter). Nach der Ermordung ihres Mannes sei die Familie wieder nach Deutschland zurückgewandert, so die Ortschronik von Binningen (1978).
Aus dieser Ehe ist der Vater von Curt Goetz als letztes Kind hervorgegangen. Offenbar hat der Arzt dessen Geburt nicht mehr erlebt. Denn der Knabe kam in der westfälischen Heimat seiner Mutter zur Welt.
Seltsamerweise gibt es in der Familie Rocco eine traurige Parallele. Die Mutter von Curt Goetz, Selma Rocco, hatte den vaterlos aufgewachsenen Bernhard Götz geheiratet – und zwar, wie sich das damals gehörte, in ihrer Heimatstadt Halle. Die Hochzeit fand in der Ulrichskirche statt und ist dort auch im Kirchenbuch registriert (16. Juni 1883). Das junge Ehepaar Rocco-Götz lebte am Ort des beruflichen Wirkens des Mannes, in Mainz – 1883-1889. Drei Knaben kamen zur Welt: der erste, der legendäre John (Hans bzw. Johann; 1884), der zweite, Felix Bernhard (1886), lebte nur einige Monate, der

jüngste, also Curt (1888), hat seinen Vater nicht mehr bewusst erlebt. Denn der verstarb 1889 in Mainz. Nun ging es der jungen Frau Selma ähnlich wie ihrer Schwiegermutter Karolina: sie war jung verwitwet und hatte für kleine Kinder zu sorgen. Was lag näher, als dass sie die große, originelle Rocco-Familie wieder nach Halle holte. Selmas Bruder Henry, eines ihrer fünf Geschwister, war dort ein bekannter Arzt und hat wohl die Beziehungen zur Universitätsklinik und den dort praktizierenden medizinischen Größen hergestellt.
So eröffnete Selma Götz-Rocco 1891 ihre erste kleine Privatklinik in der Forsterstraße, nahe den Universitätskliniken. Sie betreute Patienten der Universitätsprofessoren Bramann und Schwartze. Friedrich Gustav von Bramann ist im medizinischen Gedächtnis geblieben durch seine Kehlkopfoperation des Kronprinzen Friedrich (dann Kaiser Friedrich III.), Hermann Schwartze hatte den Troja-Forscher Heinrich Schliemann behandelt. Der Knabe Curt war auf seine Weise in die Berufstätigkeit der Mutter eingebunden (zumal man bei wechselnden Standorten Klinik und Wohnung immer im selben Haus zusammen legte). Und anekdotische Erinnerungen dieser Zeit finden wir aufs Schönste in den Memoiren des „Peterhans von Binningen", aber zahlreiche Reflexe auch in seinen Komödien.

Der Tausendsassa-Großvater, ein liebevoller Vater-Ersatz, starb, als Curt neun Jahre alt war. Da hatte er seine eigenen Schauspieler-Versuche in der Klinik seiner Mutter schon begonnen – zur Aufheiterung der Patienten. Auch auf diese Ereignisse spielt er in seinen autobiografisch angelegten „Memoiren des Peterhans von Binningen" immer wieder an. Überhaupt hat er in dem ersten Teil der Memoiren viele interessante Einblicke in das gesellschaftliche Leben von Halle vor dem ersten Weltkrieg gegeben. Auch die Teile, die seine (aus Österreich stammende) Ehefrau Valérie von Martens nach Goetzens Tod 1960 fortsetzte, bringen wiederholt Anspielungen auf die

Saalestadt. Im saloppen Umgang mit den Memoiren wird gerne sein ironischer Ausspruch über den Hallischen Hauptbahnhof zitiert, „das Schönste an Halle". Natürlich war Goetz ein eleganter Ironiker, und gerade dies gebietet Vorsicht und genaues Lesen; denn Goetz bringt die beliebte Passage im Konjunktiv: „Das Schönste an Halle – nach der Überzeugung weitgereister Leute, sofern sie sich nicht genieren, diesen alten Witz anzubringen – sei jedoch Halles Hauptbahnhof, der infolge seiner Eigenschaft als wichtiger Eisenbahnknotenpunkt eine ideale Gelegenheit biete, diese Stadt nach allen Himmelsrichtungen hin zu verlassen" (S. 10). Der Ausspruch wurde im Indikativ („ist" statt „sei") zum beliebten Zitat. Aber man sollte auch wissen, dass die Existenz der Hallischen Rocco-Familie auf eine besondere Weise bahnhofsbezogen war. Friedrich Wilhelm Rocco hatte nämlich eine Jungfer Marie Louise Hermine Palmié geheiratet, deren Vater Adam Bernhardt Friedrich Palmié über viele Jahre erfolgreicher Restaurantbetreiber („Restaurateur") und Hotelier am damaligen „Thüringer Bahnhof" war. Großvater Wilhelm Rocco war der Begründer des mit dem Roten Kreuz zusammenarbeitenden „1870er Bahnhofs-Baracken-Vereins". Er existierte noch bei seinem Tod im Jahre 1897. Die großmütterlichen Vorfahren von Curt Goetz kamen als Hugenotten aus Frankreich. Als französischer Soldat hatte dagegen der italienische Urgroßvater Rocco in Bremen seinen Wohnort nach den napoleonischen Wirren gewählt. Er gründete eine Familie und fasste gesellschaftlich Fuß. Dass sein Sohn Friedrich Wilhelm, also der Großvater von Curt Goetz, jedoch zum Erfolgsautor plattdeutscher Romane werden würde, hatte keiner erwarten können. Die Herkunftsfamilien von Curt Goetz spiegeln die bewegte Geschichte des 19. Jh. wieder und zeigen zugleich Migrantenschicksale mit gelungener Integration. Curt Goetz wusste natürlich von seinen unruhigen Vorfahren, auch wenn er sie sehr diskret nur benannte.

Ein spezielles Großvater-Vermächtnis allerdings, nämlich das politisch relevante der Schweizer Staatsbürgerschaft, hat Curt Goetz sein Leben lang in Ehren gehalten, besonders auch in den Jahren in Amerika. Die Pointe könnte aus einem Goetzschen Theaterstück stammen: Der Schweizer Großvater kam aus Marburg an der Lahn.
In Halle an der Saale ist Curt Goetz aufgewachsen, hat die Schule bis zum „Einjährig-Freiwilligen" besucht und die Klinik seiner Mutter mit aufmerksamem Blick studiert – so wie ein Künstler es eben tut. Gesellschaftlich kann man seine Hallische Familie als „gehobene Dienstleistende" einordnen – eine ideale Position für den Knaben zum Beobachten und Analysieren der Verhältnisse. Seine Mutter war zwar keine Ärztin, hatte aber dienstlich mit Medizinergrößen zu tun, Großvater und Onkel waren keine Universitätsprofessoren, aber immerhin Tanzlehrer an der Alma Mater. So hatte man in der Mitte der Gesellschaft lebendige Beziehungen in alle Richtungen. Das zeigt sich auch an der Existenz einer Kinderfrau und einer Köchin in Selmas kleiner Familie. Auch im Stadtgymnasium hatte es der junge Mann nicht schlecht getroffen. Mit dem Oberlehrer Riehm (siehe Zeugnis) lernte er eine Persönlichkeit kennen, die nun wirklich einen besonderen Blick auf Halle hatte: er war auch Photograph und hat eine bedeutende Dokumentation der Stadt um die Jahrhundertwende geschaffen.
Trotz der behüteten Jugend drängte es den jungen Goetz aus Halle heraus, unterstützt von seinem Stiefvater, einem Cellisten, nahm er in Berlin ersten Schauspielunterricht (1906). Berlin war und blieb das Zentrum seines Schaffens, auch wenn er bis zum ersten Durchbruch noch in Rostock und Nürnberg arbeitete. Das Berlin der 20er und 30er Jahre ist sein glanzvoller Wirkungsort für Film und Theater gewesen. Und nach dem 2. Weltkrieg und der Rückkehr aus Amerika mag ihm die Atmosphäre der geteilten Stadt auch

ein Anstoß zu dem Stück „Ausbruch des Weltfriedens" gewesen sein.
Direkt politisch hat Curt Goetz nie wirken wollen, sondern eher „subcutan". Im kleinlichen, engstirnigen Alltag der Menschen sagte er der „Mikrobe Dummheit" künstlerisch-therapeutisch den Kampf an. In Sachen pointierter Gesellschaftskritik ist er ein wahrer „Dr. med. humoris causa" gewesen.

Zur Auswahl der Texte:

Es ist mitunter eher mühsam, Bühnenstücke (Drehbücher) nur zu lesen. Sie gehören einfach gespielt. Um Curt Goetz in seiner dramaturgischen Qualität und Eigenart erfahrbar zu machen, werden in diesem Lesebuch kurze Theaterstücke bevorzugt, also Einakter. Seine Einakter spiegeln in ihrer Konzentration auf einen einzigen Handlungsstrang auch einen Aspekt seines filmischen Schaffens, das Gestalten in „Einstellungen" und speziellen Einheiten.
- Aus „Die Memoiren des Peterhans von Binningen" (1960) Abschnitte, die seine Jugend in Halle (Saale) zum Thema haben.
- „Der fliegende Geheimrat" (1918/19): gesellschaftskritischer Einakter, der besondere Anklänge an das gehobene Hallische Milieu (Mediziner) um die Jahrhundertwende aufweist. Das Hauptthema: eine tiefgründige Arztsatire. Titel: Anspielung auf den Fliegenden Holländer.
- Minna Magdalena (1918/19): Einakter in Titelanspielung auf die biblische „Maria Magdalena", die Sünderin – die sich hier als nur harmlos erkrankte Dienstmagd offenbart. Spießige und frauenfeindliche Moral werden, auch im sozialen Gegenüber, durchgehend attackiert.
- Tatjana (1946): Schlussteil einer Erzählung über ein außergewöhnliches Liebesverhältnis. Hier entpuppt sich eine heranwachsende Cellistin und Kindfrau als wissende Ver-

führerin. Die Handlung spielt an der Ostsee, in Berlin und in Amerika, kunstvoll mit Rahmen- und Binnenhandlung verwoben.

- Ausbruch des Weltfriedens (1957): Der Einakter spiegelt die politischen Verhältnisse nach dem 2. Weltkrieg. Gesellschaftskomödiantisch angelegt, birgt er (früher als Dürrenmatts Physiker) eine besondere Pointe: Ein unbekannter Physiker stößt eine exquisite Diplomatenrunde in Verwirrung. Er kündigt nämlich an, dass in wenigen Minuten ein Satellit seine Wirkung auf alle Erdbewohner unausweichlich ausüben werde, eine Bestrahlung mit positiven Gedanken. Daher sein Name „Satellit des guten Willens“ (Sa-gu-wil). Im Vorwort offenbart Goetz, dass er eine derartige Idee schon nach dem 1. Weltkrieg in einem Drehbuch unterbringen wollte, damals erfolglos.

Zu den Dokumenten/Materialien: Hier findet sich Material zu Goetzens Schulzeit versammelt. Daneben, als wichtige Beispiele der künstlerisch-unterhaltenden Begabung seiner Hallischen Herkunftsfamilie: Textproben von Großvater Friedrich Wilhelm Rocco und Onkel Emil, sowie Onkel Charles Rocco (Pseudonym Gehre), Brüder von Mutter Selma.

# B. Zur Biographie

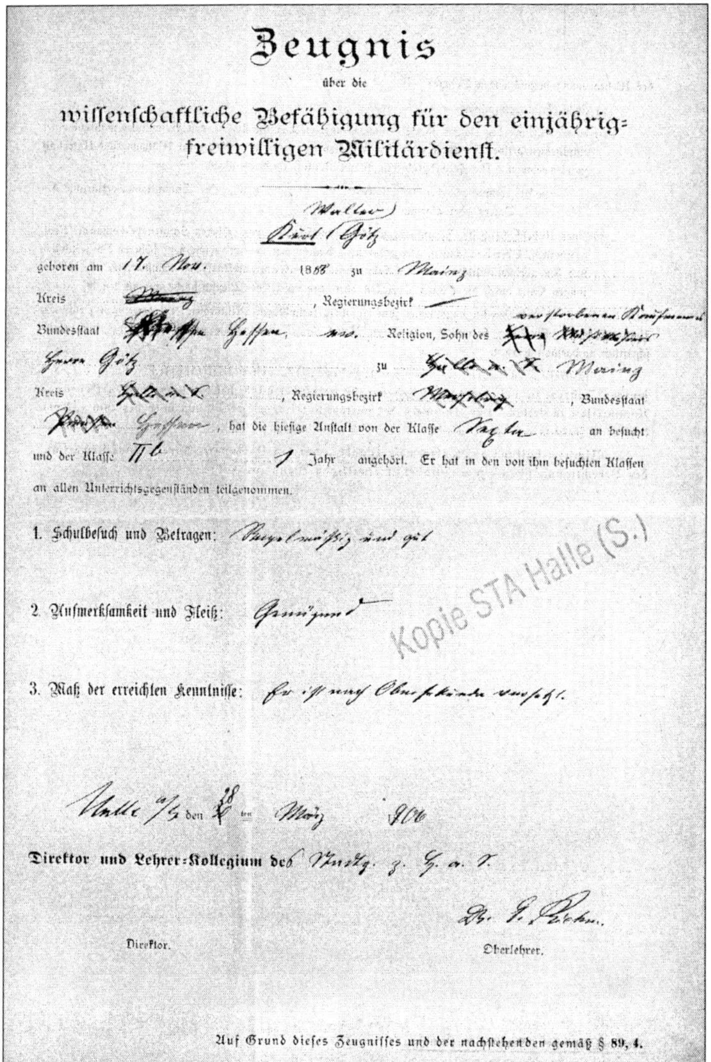

**Zeugnis**

über die

**wissenschaftliche Befähigung für den einjährig-freiwilligen Militärdienst.**

Curt Götz

geboren am 17. Nov. 1888 zu Mainz

Kreis ..., Regierungsbezirk ...

Bundesstaat Hessen, ev. Religion, Sohn des verstorbenen Kaufmanns Hermann Götz zu Mainz

Kreis ..., Regierungsbezirk ..., Bundesstaat Hessen, hat die hiesige Anstalt von der Klasse Sexta an besucht und der Klasse IIb 1 Jahr angehört. Er hat in den von ihm besuchten Klassen an allen Unterrichtsgegenständen teilgenommen.

1. Schulbesuch und Betragen: Regelmässig und gut

2. Aufmerksamkeit und Fleiß: Genügend

3. Maß der erreichten Kenntnisse: Er ist nach Obersekunda versetzt.

Halle a/S den 28ten März 1906

Direktor und Lehrer-Kollegium des

Direktor. Oberlehrer.

Auf Grund dieses Zeugnisses und der nachstehenden gemäß § 89, 4.



Abgangszeugnis des Städtischen Gymnasiums, für Curt Goetz von Oberlehrer Riehm, 1906 (Stadtarchiv Halle)

Aus: Die Memoiren des Peterhans von Binningen

## HALLE AN DER SAALE

Ostern 1906 bestand Peterhans von Binningen – er hieß natürlich anders, kein Mensch heißt Peterhans von Binningen – bestand Peterhans von Binningen zu seiner und seiner Freunde Überraschung das Einjährig-Freiwilligen-Examen am Stadtgymnasium zu Halle an der Saale.
Halle an der Saale war eine reizende Stadt.
Doch!
Es soll zugegeben werden, daß kein Mensch, der die Große Ulrichstraße passierte, sich darauf versteift hätte, nun auch die Kleine kennenzulernen; und in der Geiststraße mußte auch ein mit Heuschnupfen Bewaffneter feststellen, daß hier infolge der zahlreichen beiden Delikatessengeschäfte der Käse nicht nur über den Geist triumphierte, sondern auch über die Braunkohle, die sonst allenthalben ihre führende Rolle behauptete in jenem charakteristischen Dreigestank von Kohle, Käse und essigsaurer Tonerde, der wie eine Glocke über der Stadt hing und in der für die Bürger zum Einatmen bestimmten Luft lag, einer Luft, die auch durch die Wiederausatmung seitens der Hallenser nicht besser wurde.
Dennoch und um so bemerkenswerter ist es, behauptet der Chronist, daß obige muffige, sauere Atmosphäre, von Generationen inhaliert, verarbeitet und wieder abgegeben, auf das Kultur- und Geistesleben der Hallenser fast ohne Einfluß blieb. Denn Halle war eine kunstsinnige Stadt, und viele große Musiker hat sie in ihren Mauern verborgen gehalten.

Auch die Studenten liebten diese Stadt. Nicht so sehr wegen ihrer Universität als um ihrer Mädchen willen, die sich wiederum nicht so sehr durch besondere Schönheit auszeichneten als durch eine entwaffnende Natürlichkeit, mit der sie sich gaben, wie sie waren, und so oft man es von ihnen verlangte. Der Erfinder des Ausspruches:

In Halle tummeln sich die Jungfrauen
wie die Walfische in der Saale

war natürlich ein elender Zyniker, wenn auch anerkannt werden muß, daß er ein ausgezeichneter Kenner der faunischen Verhältnisse der Saale und ihrer Nebenflüsse gewesen sein muß; denn diese Gewässer führen wirklich keine Walfische.
An Stelle der fehlenden Walfische umspült die Saale im Tale romantische Inselchen. Zum Beispiel die Rabeninsel. Sie wird ihrer traulichen Abgeschiedenheit wegen von den Liebenden sehr gesucht und bald darauf ihrer Mücken wegen von eben diesen Liebenden verflucht. Dabei sollte man froh sein, daß es nur Mücken sind und nicht Raben, die sich bei der Auswahl ihrer Angriffsobjekte so wahllos gebärden.
Und dann die Burgen!
An der Saale die Burgen!
Wer kennt sie nicht; die Moritzburg und die Ruine Giebichenstein! Welch trutzige Festen! Erst kürzlich übertrotzten sie das Tausendjährige Reich, ohne sich umtaufen zu lassen.

An der Saale hellem Strande
Stehen Burgen, stolz und kühn.
Ihre Dächer sind zerfallen,
Und der Wind streicht durch die Hallen,
Wolken ziehen drüber hin ...

Das ist nett von den Wolken.
Und das müssen sie ja auch, es sei denn, daß sie vorzögen, um diese zugigen Ruinen einen Bogen zu machen.
(...) Der Marktplatz ist nun freilich schön. Mit seinem Händel-Denkmal und seiner Marienkirche. Wenn diese innen nicht so schön ist, wie sie von außen zu sein verspricht, so

fällt das weniger ins Gewicht, da sie – wie alle evangelischen Kirchen – meistens geschlossen ist.
Das Schönste an Halle – nach der Überzeugung weitgereister Leute, sofern sie sich nicht genieren, diesen alten Witz anzubringen – sei jedoch Halles Hauptbahnhof, der infolge seiner Eigenschaft als wichtiger Eisenbahnknotenpunkt eine ideale Gelegenheit biete, diese Stadt nach allen Himmelsrichtungen hin zu verlassen.
Glaubt ihnen nicht! Halle an der Saale beherbergt Peterhans von Binningens Schülerliebe!
Sie war, ist und bleibt also eine reizende Stadt!

Halles Hauptbahnhof im Jahre 1902 (Privatarchiv Dr. Peter Pollandt)

## ABSCHIED VOM HOMER.

Was das eingangs erwähnte Examen anbelangt, so ist es nicht unwahrscheinlich, daß die von Peterhans flüchtig erwähnte Absicht, mit dem Einjährigen-Zeugnis die Schule zu verlassen, wesentlich zu der reibungslosen Erteilung dieses Zeugnisses beigetragen hat. Wenn das Lehrerkollegium in einem Punkte übereinstimmte, so in dem, daß es gut sei, Peterhans von Binningen loszuwerden. Eine Ausnahme bildete sein Ordinarius, Doktor Rammelt, der einen Narren an ihm gefressen hatte, weil Peterhans gut Homer lesen konnte. Und wenn bei der Schilderung des Sturmes das „trichta te kai tetrachte" hingeknallt wurde, daß du die Mäste brechen hörtest, während in dem „is anemoiiiii – o" der Wind abflauend in dem zerfetzten Takelwerk nachheulte, so strahlte Rammelt vor Entzücken und brüllte:
„Das ist Kunst, meine Herren!" Und sah dabei die Klasse wütend an.

(...)
Also es war entschieden: Er würde zur Bühne gehen. Das Blut seiner Ahnen, das sich übrigens aus schweizerischen, deutschen, italienischen und französischen Partikelchen zusammensetzte, was manches Entschuldigende für unseren Helden haben mag, hatte in seinen Adern einen bitteren Kampf gekämpft.
Da war der Großvater väterlicherseits, Doktor Bernhard Götz, Augenarzt in Binningen, von dem er die Liebe zur Medizin geerbt hatte. Und da war der Großvater mütterlicherseits, der Schauspieler und Schriftsteller Wilhelm Rocco, der ihm die Liebe zum Theater vermacht hatte.
An den Großvater Götz hatte Peterhans keine persönlichen Erinnerungen. Er kannte ihn nur aus den Erzählungen von Tante Klärchen. Der Unglückliche war eines Nachts, während eines

Rittes zu einem Patienten, im Nachtigallenwäldchen zwischen Basel und Binningen von „fahrendem Volk" – wie es in der Chronik heißt – ermordet worden. Es sei zwar nur ein „Versehen" gewesen, wie Tante Klärchen nie vergaß hinzuzufügen, wenn sie den Kindern die Geschichte erzählte; man hatte es auf einen reichen Kaufmann abgesehen; aber das kann für den Großvater nur ein schwacher Trost gewesen sein, vorausgesetzt, daß man es überhaupt für nötig befunden hatte, sich zu entschuldigen, als man kein Geld bei ihm fand.

(*Großvater Rocco*)
Um so lebhafter war seine Erinnerung an den Großvater Rocco. Stundenlang hatte man auf seinen Schultern reiten dürfen, indem man die Backenbärte als Zügel benutzte. Auch als Trambahn eignete sich Großvater vorzüglich. Man saß hinter ihm auf der Stuhllehne. Der linke Backenbart figurierte als Stromhebel, der rechte als Handbremse. In Augenblicken der Gefahr, wenn plötzliches Bremsen erforderlich war, konnte das sehr schmerzhaft für den alten Herrn werden und ihn auch erheblich im Lesen stören.
„Was war denn wieder?", fragte er dann wohl.
„Ein Junge wäre mir beinah unter die Räder gekommen!"
„Diese Bengels!"
Das Blut dieses Theatergroßvaters, den Peterhans zärtlich liebte und den jeder lieben mußte, der ihn sah – als Schauspieler wurde er so verehrt, daß ihm die Hamburger, als er krank war, vor seinen Fenstern Stroh streuen ließen, damit ihn das Geratter der schweren Fuhrwerke nicht störe, und als Schriftsteller haben ihn seine Bücher in Bremer Mundart lange überlebt –, das Blut dieses Großvaters also hatte den Sieg davongetragen, obgleich es kein leichter Sieg gewesen war, denn die Klinikatmosphäre, in der Peterhans aufgewachsen war, hatte gewaltig die vom anderen Großvater ererbte Neigung zur Medizin unterstützt.

(*Schauspiel in Mutters Klinik*)
Das war doch so gewesen: Als Peterhans im Alter von zwei Jahren seinen Vater verlor, war Mutter mit ihm und seinem um vier Jahre älteren Bruder Hans nach Halle übergesiedelt, wo sie eine Privatklinik eröffnete, die sie mit Liebe und Umsicht bald zu einer kleinen Berühmtheit machte. Professor von Bramann, der große Chirurg, und Geheimrat Schwartze, der bedeutende Ohrenspezialist, vertrauten ihre Patienten ihrer Obhut an. Und sie waren in guter Obhut! Mutter besaß die Gabe, sich in die Lage der Leidenden versetzen zu können und Wünsche zu erraten, ehe sie ausgesprochen waren. Aus den zwei Etagen, mit denen Mutter angefangen hatte, wurden bald zwei Häuser. Ihr unbesiegbarer Optimismus wirkte ansteckend auf die Patienten. Man war gern krank bei ihr. Peterhans, der ihren Frohsinn geerbt hatte, wurde zu besonders trübsinnigen Patienten geschickt, und es war sein Ehrgeiz, diese Patienten nicht zu verlassen, ehe sie nicht gelacht hatten.
Einmal, als Bramann seine Visiten machte, kam er dazu, wie der zehnjährige Knirps in seiner – Bramanns – Maske, mit Vollbart, Brille und Ärztekittel, am Bett des Rittmeisters Soundso stand und ihm den Puls fühlte. In der Linken hielt er eine Weckeruhr. Dem Rittmeister liefen die Tränen über die Wangen. Bramann faßte sich sogleich.
„Wie steht es denn, Herr Kollege?“, fragte er.
„Wenn meine Uhr richtig geht, ist er schon tot“, sagte Peterhans.
Von diesem Tage an nahm Bramann ihn immer mit zu den Nachmittagsvisiten. In Bramanns Maske, versteht sich.
Der große und der kleine Bramann verfehlten nie ihre Wirkung.
Bramann revanchierte sich übrigens für die Dienste seines kleinen Assistenten. Er rettete ihm das Leben. Lungenentzündung, eitrige Rippenfellentzündung. Hoffnungslos.
„Ich muß Sie operieren, Herr Kollege“, sagte Bramann, „und zwar möchte ich den Augenblick, in dem Ihre Frau Mutter

die Mittagsschlacht in der Küche leitet, dazu benutzen. Sind Sie einverstanden?"
„Klar."
Aus irgendeinem Grunde konnte nur ein Ätherrausch gemacht werden. Das bedingte schnelles Arbeiten. Der Rücken unter dem Schulterblatt mußte geöffnet, ein Stück Rippe herausgesägt, der Eiter abgelassen, die Wunde kanülisiert und verbunden werden. Bramann erledigte das alles von Bett zu Bett in achtzehn Minuten. Für damalige Verhältnisse eine außerordentliche Leistung.

Drei Tage später stand Peterhans mit dem Tode auf du und du. Nach einer unendlich langen Nacht, auf einem Schlitten durch die Luft sausend, kam er langsam, langsam auf die Erde zurück. Er fühlte einen Druck an seinem Puls, schielte durch die Wimpern, sah Bramanns Finger an seinem Gelenk, sah viele Menschen um sein Bett stehen - das totenblasse, übernächtigte, ausgeweinte Gesicht seiner Mutter kannte er kaum wieder –, sah Sekt und Kampferspritzen auf dem Nachttisch, jene ihm wohlbekannten Utensilien für letzte verzweifelte Versuche, ein Lebenslicht nicht verlöschen zu lassen.
Dann hörte er, wie Bramann die Uhr zuknipste.
(...)

## BRIEF VON MÜTTERCHEN *(nach Berlin)*

Halle a. d. Saale, 3. Mai (1907?)

Mein kleiner Peter,
ich schreibe noch immer kleiner Peter, obwohl Du jetzt schon ein ziemlich großer Peter geworden bist. Ich will es nicht glauben, daß mein Hosenmatz, der noch vor zehn Jahren unglücklich war, wenn er nicht bei seiner Mutti im Bett schlafen durfte, nun schon ein Mann werden will. Nimm Dich nur vor den Gefahren der Großstadt in acht, mein braver Junge, und suche lieber Familienanschluß bei guten Leuten. Hast du schon Tante Elly einen Besuch gemacht? Wenn nicht, so hole es schleunigst nach. Es gehört sich so, und sie soll ein großes Haus führen. Wie sie jetzt heißt - sie ist zum zweiten Male verheiratet –, habe ich vergessen. Du erfährst ihre Adresse bei Willichs. Tu Deiner Mutter den Gefallen.
Hier ist es recht still geworden, seit Du fort bist. Neulich war Deine Kusine Lottchen hier. Sie weinte, als ich auf Dich zu sprechen kam. Ich glaube, sie liebt Dich, der kleine Fratz. Ich mußte sie trösten, obwohl ich doch am liebsten mitgeheult hätte. Sei nicht so grausam und schreib ihr mal. Weißt Du noch, wie Du Dir bei Valeskas Hochzeit aus ihrem offenen Haar ein Kopfkissen gemacht hast und das arme Kind eine Stunde lang sich nicht rühren durfte, um Deinen Schlaf nicht zu stören? Das ist nun auch schon wieder fünf Jahre her. Lottchen wird jetzt dreizehn. Sie hat ihrem Vater erklärt, nicht mehr zur Tanzstunde gehen zu wollen, weil Du nicht mehr da seist, worauf sie von Onkel Felix eine Backpfeife bekam, das gute Kind. Also schreib ihr mal.
Von Deinem Bruder, meinem geliebten Hans, habe ich lange keine Nachricht, so daß mir recht schwer ums Herz ist. Das vorletztemal, als er schrieb, war er Offizier in der Heilsarmee, das letztemal Indianerhäuptling, was wird er heute sein? Ob

er es nicht schon bereut, zur See gegangen zu sein? Aber seine Abenteuerlust war ja nicht zu bändigen. Weißt Du übrigens, daß die „Mimi", sein erstes Segelschiff, von dem er seinerzeit in Australien ausrückte, mit Mann und Maus untergegangen ist? Wenigstens schrieb er es. Aber seine Schilderungen sind manchmal so phantastisch, daß ich mich oft frage, ob sie nicht zu sehr ausgeschmückt seien. Ich lege Dir das Bild der Klapperschlange bei, die er fotografierte, ehe er sie erlegte. Gott gebe, daß ich bald Nachricht von ihm bekomme.
Leider muß ich Dir mitteilen, mein guter Peter, daß seit dem Tode Bramanns, der Dir das Leben rettete, was Du nie vergessen sollst, die Klinik von Tag zu Tag schlechter geht, so daß die finanziellen Sorgen von Tag zu Tag größer werden. Sei nur recht sparsam, aber laß Dir nichts abgehen. Gott weiß, wie das enden soll. Ich habe mich jedenfalls vierzehn Jahre lang redlich geplagt. Auch sonst ist es hier recht still geworden. Seit Tante Klärchen tot ist, kommt sie sonntags auch nicht mehr. Auch wochentags nicht, meint Dein Stiefvater, der sich gerade über mich beugt und mitliest. Na, dann will ich mal schließen. Bleib gesund, mein Herze, und laß Dich tausendmal umarmen und küssen
von Deiner bekümmelten Mutter

P. S. Ich hatte natürlich „bekümmerten" geschrieben, aber Vater hat den Augenblick, wo ich das Kuvert holte, benutzt, das Wort zu „verbessern", der Unverbesserliche! Er will auch noch ein paar Worte beifügen.
Lieber Peter, die Adresse von Tante Elly ist Martin-Luther-Straße 124. Tante Elly führt jetzt den ungewöhnlichen Namen Schmidt. Du bist also nun in der Lage, Mutters Wunsch zu erfüllen und den Familienknatsch, dem Du hier glücklich entronnen bist, in Berlin fortzusetzen. (...)
Ich freue mich, zu hören, daß Du weiter fleißig Cello übst. Es wäre auch schade, wenn die vielen Backpfeifen, die Du

von mir im Laufe des Unterrichts bekommen hast, umsonst vertan wären. Die Daumenstelle mit den Doppelgriffen in der Tarantelle mußt Du so langsam üben, als ob Du sie zu meinem Begräbnis spielen wolltest. – Auch die Gavotte hast Du seinerzeit zu schnell geübt. –
Deine Frage, ob Du in der Kantilene das „f" mit dem ersten Finger nehmen sollst, ist schwer zu beantworten, da in der ganzen Komposition diese Note nicht vorkommt. Solltest Du „fis" meinen, so kannst Du es natürlich mit dem ersten nehmen, um dann das „a" mit dem vierten bequem zu erreichen. Ich hoffe nicht, daß Du in die Fußstapfen jenes sächsischen Kurorchesterkapellmeisters treten willst, der beim Anblick der Tannhäuser-Partitur zu seinen Leuten sagte: „Ich denke, meine Herrn, mir schbielns erscht emal ohne Vorzeichen!"
Daß ich alles tue, um Mutter bei guter Laune zu halten, weißt Du.
Grüße meinen Lehrer Heinrich und auch Deinen Meister. Und denke daran, daß es für den werdenden Künstler nichts geben darf als Arbeit, Arbeit, Arbeit. Daß aus Dir etwas wird, weiß Dein sogenannter Stiefvater.
(...)

Mein lieber Junge!
Nach Bramanns Tod, der, wie Du weißt, für uns einen schweren Schlag bedeutet, ist nun auch Geheimrat Schwartze ganz plötzlich gestorben. Das heißt, daß wir die Privatklinik schließen müssen. Du mußt Dein Studium sofort abbrechen, um Geld zu verdienen. Es ist bitter, Dir das sagen zu müssen. Aber Du warst immer ein tapferer Junge. Ich tue alles, um Mutter zu trösten. Sie läßt Dich grüßen. Ich wollte. Du wärest hier.
Vater.

Peterhans sah auf die Uhr. Zehn Uhr. Um elf stand er in der Grunewaldvilla des Meisters, um sich zu verabschieden. Es

gelang ihm, eine männliche Haltung zu bewahren. Der Meister hörte ihm aufmerksam zu und ließ nachdenklich seine großen Augen auf ihm ruhen. Dann verließ er das Zimmer. Man hörte ihn telefonieren. Dann kam er zurück.
„Sie fahren mit der 79“, sagte er, „zur Theateragentur Emil Nordes, Dorotheenstraße. Dort erwartet Sie mein Freund Schaper, Direktor vom Stadttheater in Rostock. Er sucht einen talentierten Anfänger. Sie sollen ihm vorsprechen. Gott mit Ihnen. Und lassen Sie sich nicht für Chor verpflichten!“
Emil Nordes war vielleicht nicht der berühmteste, aber sicherlich der rührigste Agent von Berlin. Seine Spezialität war es, Anfänger zu placieren, die ihm dann, wenn sie sich bewährten, von seinen größeren Kollegen, unter denen der größte Herr Frankfurter war, als Klienten weggeschnappt wurden.
Rudolf Schaper, damals Direktor des Stadttheaters in Rostock, dem Peterhans vorsprechen sollte, war ein kleiner, untersetzter Herr, stiernackig, mit einer intelligenten Stirn, die bis zum erwähnten Stiernacken reichte. Unter buschigen Augenbrauen sah er einen durch einen schwarzen Klemmer finster an, um seine Gutmütigkeit zu verbergen. Aber ein leises ironisches Lächeln spielte dauernd um seine Lippen. Denn lieber ironisch lächeln als gar nicht, nicht wahr?
„Warum wollen Sie zum Theater gehen?“, fragte er wütend.
„Das frage ich mich auch“, sagte Peterhans.
„Kein vernünftiger Mensch geht zum Theater!“
„Sie sind auch zum Theater gegangen, Herr Direktor!“
„Ich bin ja auch kein vernünftiger Mensch!“
„Außerdem suchen Sie einen talentierten Anfänger. Schon deshalb muß ich zur Bühne gehen.“
„Wer sagt Ihnen, daß Sie Talent haben?“
„Das möchte ich von Ihnen hören, Herr Direktor, und deshalb möchte ich Ihnen vorsprechen.“
„Was wollen Sie vorsprechen?“

„Die Traumerzählung des Franz Moor, wenn Sie gestatten."
„Immer schön bescheiden, das muß ich sagen!"
Er trommelte mit den Fingern auf der Tischplatte. „Sie werden mir die Traumerzählung nicht vorsprechen!"
„Warum nicht, Herr Direktor?"
„Sie werden mir überhaupt nichts vorsprechen!"
„Ich verstehe nicht ..."
„Sie brauchen nichts vorzusprechen. Ich kenne Sie!"
„Aber ..."
„Und Sie kennen mich!"
„Ich weiß wirklich nicht ..."
„Stellen Sie sich einmal vor, ich sei im Hemd."
„Ich würde mir nie erlauben ..."
„Erlauben Sie sich nur. Das ist überhaupt eine gute Methode, Minderwertigkeitsgefühle zu überwinden, die ich Ihnen hiermit vermache: Stellen Sie sich Ihren Widersacher im Hemd vor!"
„Sie sind nicht mein Widersacher, Herr Direktor."
„Das wird sich erst herausstellen. – Also?"
„Ich stelle mir Herrn Direktor im Hemd vor."
„Und im Bett!"
„Und im Bett."
„Und zwar in einem Bett in Halle an der Saale in einer Privatklinik ... Ah, jetzt dämmert's ... Ihre Mutter hatte Sie, einen Knirps von elf Jahren, zu mir geschickt, mich zu erheitern ... Sie kamen mit Ihrem Puppentheater und spielten mir die erste Szene des ersten Aktes von Wilhelm Tell vor ... Mit wogender See, Gewitter und Sturm, Einschlägen von Blitzen, die Wasserhosen erzeugten ... Ich habe nie auf einer großen Bühne etwas so Eindrucksvolles gesehen! – Sie brauchen mir nichts vorzusprechen. – Sie sind engagiert!" (...)

Mit einem Vertrag über neunzig Mark Monatsgage und neunzig Mark Vorschuß und einigen Stearinflecken auf dem Anzug verließ Peterhans die Agentur. Als er durch das Wartezimmer kam, applaudierten die Kollegen.

Da wurde Peterhans sehr bleich.

Er stotterte seinen Dank und stolperte auf die Dorotheenstraße.

Er erwischte einen Omnibus, der ihn zum Anhalter Bahnhof brachte, erreichte noch den D-Zug 12 Uhr 03 und stieg 2 Uhr 11 in Halle an der Saale aus.

Um 2 Uhr 30 hatte er seine weinende Mutter zum ersten Male wieder zum Lachen gebracht. Dann fuhr er zum Vormundschaftsgericht. Sein verstorbener Vater hatte ihm ein Legat von 2000 Mark hinterlassen, das bestimmt war, über die Anfänge seiner Laufbahn hinwegzuhelfen. Er machte dem Vormund klar, daß er das Geld jetzt brauche. Und brachte es dem Stiefvater. Das Zucken der Schnurrbartspitzen des alten Herrn, als er ihm das Geld zum Geschenk machte, war schwer zu ertragen.

Dann ging Peterhans an die Luft. An die geliebte hallische Luft, durch die geliebten hallischen Straßen, die ihm noch enger vorkamen, als er sie im Gedächtnis hatte.

Aber sonst hatte sich nichts verändert. In der Magdeburger, die damals noch nicht Hindenburgstraße hieß, fehlte am nördlichen Eingang zu den Großen Hallischen Kliniken noch immer die Scheibe in der Laterne, die vor fünf Jahren einer Schneeballschlacht zum Opfer gefallen war.

(...)

Wie ein Magnet zog es Peterhans durch den vertrauten Eingang. Und da war er! Der Geruch von Chloroform und Desinfektion, der sich selbst im Freien hielt. Und der mit einem Schlage die Bilder seiner Knabenjahre in ihm entstehen ließ:

Hier war der Kohlenschuppen, wo sich berühmte Trapper und schweigsame Indianerhäuptlinge allnachmittäglich zu treffen pflegten. Wie oft hatte er hier mit Winnetou gesessen, um

die Streifzüge auszuknobeln, die der Schrecken der Aufsichtsorgane der Großen Hallischen Kliniken waren.
Dort auf jener Rampe pflegte Sam Hawkens zu sitzen – „wenn er sich nicht irrte“ –, um seine kurzen dicken Beine hinunterbaumeln zu lassen. Während der Hobble Frank, so lang er war, sich auf die Kohlen zu legen liebte.
Hier hatten sie eines Tages gelegen, als einer der Gärtner ein etwa zwölfjähriges Mädchen, am Genick gepackt, vorüberführte. Das Mädchen war barfuß und sehr hübsch.
„Dich werd' ich lehren, Äpfel zu stehlen, du Luder! Vor dem Inspektor wirst du schon sagen, wie du heißt, du Kröte!“
Damit verschwand der Gärtner mit ihr um die Ecke. Winnetou und Old Shatterhand sahen sich an.
„Wir müssen die weiße Lilie aus der Hand dieses Kojoten befreien!“, sagte Winnetou, der der Sohn des erwähnten Inspektors war, „noch ehe sie den Wigwam meines Vaters erreichen.“
„Mein roter Bruder sagt es“, bekräftigte Old Shatterhand, der mit seinem bürgerlichen Namen Peterhans von Binningen hieß.
„Old Shatterhand und ich“, fuhr Winnetou fort, „werden diesen stinkenden Sohn einer Hündin überholen. Wir werden uns dann in die Taxushecken legen und ihm auflauern. Meine weißen Brüder Sam Hawkens und Hobble Frank werden inzwischen einen noch größeren Bogen geschlagen haben und im Augenblick des Überfalls von der entgegengesetzten Seite als harmlose Passanten auftauchen. Ihre Aufgabe ist es, diesen Urenkel eines Stinktieres in der Richtung zu täuschen, die Old Shatterhand und Winnetou mit der weißen Lilie einschlagen werden, nachdem sie sie aus der Hand dieser Hyäne befreit haben. – Ich habe gesprochen.“
Hierauf zerstoben die vier berühmten Westmänner, wie von der Atmosphäre verschluckt.

„Dich werden wir schon zum Sprechen bringen, du Stücke du!“, sagte der rohe Mensch, als er mit der Kleinen die Taxushecke passierte. In diesem Augenblick tauchte Old Shatterhand vor ihm auf und schlug ihm mit der flachen Hand gegen die Nasenwurzel, während Winnetou ihm von hinten in die Kniekehlen trat. Das ist eine empfehlenswerte Kombination, die erfahrungsgemäß jeden so Angegriffenen, welchen Ständen er auch angehören mag, wie einen Haufen Dreck zusammensacken läßt. Das Mädchen hatte die Geistesgegenwart, dem Taumelnden noch mit dem nackten Fuß in den Magen zu treten, was ihr ein für allemal die Bewunderung der Trapper einbrachte. Im Nu rissen Winnetou und Old Shatterhand das Mädchen seitwärts in die Büsche, und nach drei, vier Sprüngen kreuz und quer warfen sie sich mit ihr zu Boden.

„Dorthin sind sie gelaufen", hörten sie Sam Hawkens und Hobble Frank brüllen. Und dann hörten sie den Gärtner in der verkehrten Richtung davonsausen.

Die vier berühmten Westmänner hoben das Mädchen vom Boden auf, stellten es auf die Beine und klopften ihm den Schmutz von den Kleidern.

„Wie heißt du?"

„Idchen."

Sie bot ihren Rettern zwei von den gestohlenen Äpfeln an.

„Von welchem Baum sind sie?"

„Poliklinik."

„Wie kommst du auf das Klinikgelände?"

„Meine Mutter wäscht hier."

„Seit wann?"

„Seit heute."

„So wirst du jetzt öfter kommen?"

„Ja."

„Bist du selber in den Baum geklettert?"

„Ja."

„Kannst du gut klettern?"

„Ja."

Die vier berühmten Westmänner sahen sich an.
„Meine weiße Schwester hat sich sehr tapfer benommen", sagte Winnetou, „der Tritt in den Bauch war gut."
„Sehr gut, wenn ich mich nicht irre", bekräftigte Sam Hawkens.
„Krossartch", sagte Hobble Frank, seiner Verpflichtung gemäß in sächsischer Mundart, was ihm nicht schwer fiel.
Man sah befriedigt auf das kleine nackte Füßchen, das diesen Tritt ausgeführt hatte.
„Willst du Mitglied unserer Bande ...?"
„Ja", sagte Idchen, noch ehe Old Shatterhand die Frage vollendet hatte.
„So wirst du mit uns die Pfeife des Friedens rauchen", bestimmte Winnetou.
Man ging tiefer in die Büsche. Man kauerte sich im Halbkreis auf den Boden. Idchen unterbrach durchaus nicht das zeremoniöse Schweigen, das nun folgte, während die Friedenspfeife die Runde machte. Als sie zu ihr kam, machte sie die vorgeschriebenen Züge in die vier Windrichtungen wie ihre Vorgänger.
„Meine weiße Schwester scheint die Bräuche der Indianer zu kennen", meinte Winnetou.
„Mein roter Bruder hat es getroffen", erwiderte Idchen.
„Uff", sagte Winnetou. „Uff, uff!"
„Wir müssen ihr einen Namen geben", meinte Old Shatterhand.
„Wir werden sie *Flinker Fuß* nennen, wenn es der weißen Lilie recht ist", schlug Winnetou vor.
Idchen nickte.
„Er hätte mich nie erwischt, wenn ich mich nicht so gerissen hätte", sagte sie und zeigte den Trappern einen tiefen Kratzer an ihrem Oberschenkel, den diese sachgemäß betrachteten.
„Dieser Enkel und Urenkel eines Stinktieres", sagte Old Shatterhand, während er die kleine Wunde aussaugte – damit keine Blutvergiftung entstehen könne –, „wird unsere Schwester nicht mehr belästigen. Sie steht jetzt unter unserm Schutz."

„Howgh", sagte Winnetou.
Und so war es. Sie hätte in einem Banksafe nicht sicherer sein können. Acht Augen wachten über ihr Wohlergehen. Sie leistete dafür der Bande vorzügliche Dienste als Kundschafterin. Da sie als Mädchen weniger verdächtig war, war sie unbezahlbar als Spionin, wenn es galt, Gelegenheiten auszuknobeln.
Aber auch in der Schlacht stand sie ihren Mann. Kein Zaun war ihr zu hoch, kein Baum zu dick. Auch waren im Notfalle immer Hände da, ihr zu helfen. Sie wurde über Mauern gehoben, durch Gräben getragen, auf Bäume gezogen, zu Boden geworfen, aufgehoben und nach dem Gefecht abgestaubt wie ein Gegenstand.
Die Bande liebte sie. Und sie hätte für die Bande ihr Hemd hergegeben, wenn sie eines angehabt hätte.
Manchmal hatte Peterhans das Gefühl, als ob sie ihn ein wenig bevorzuge. An ganz kleinen Dingen glaubte er es zu merken. Sie war stets an seiner Seite. In der Schlacht, auf der Flucht wie am Lagerfeuer. Wenn sie Äpfel gestohlen hatte, bekam er den schönsten. Wenn sie im Wigwam ruhten, durfte er sie als Kopfkissen benutzen. Und die Wärme ihres Körperchens, die durch das dünne Kleid drang, stellte die berühmte Kaltblütigkeit Old Shatterhands auf eine harte Probe.
Ob sie ihn wohl mochte?
Wenn er ihr zuweilen prüfend in die Augen sah, blickte sie unschuldig wie ein Kätzchen zurück.
Da geschah es eines Tages, als er mit ihr im Kohlenschuppen auf die übrigen Trapper wartete, daß sie sich einen Splitter in den großen Zeh gestoßen hatte. Peterhans bemühte sich, ihn herauszuziehen. „Du mußt stillhalten", sagte Peterhans.
Endlich war die Operation geglückt. Der Splitter war raus. Und der Operateur war erledigt.
„Idchen", stammelte er.
„Was denn?", fragte sie.

„Ich ... habe dich lieb!“
„Ich dich auch!“
„Nicht so wie ich dich!“
„Doch!“
„Du weißt nicht, was ich meine!“
„Doch!“
„Nein, du weißt es nicht!“
„Doch!“
Ein Schweigen entstand.
„Es ist kühl geworden“, stellte Peterhans fest. Das war es in der Tat. Der Herbst machte sich bemerkbar.
„Im Wigwam ist es warm“, meinte Idchen obenhin.
Beide erhoben sich.
Der Wigwam war der Keller der Zentralheizung des Pathologischen Institutes.
Sie gingen schweigend nebeneinander. Ihre Finger berührten sich.
Der Eingang zum Wigwam war ein Souterrainfenster, so klein, daß ein Erwachsener sich nicht hätte hindurchzwängen können. Es lag zu ebener Erde, so daß man sich lang hinlegen mußte, um durchzukriechen.
Das tat denn auch Idchen. Erst verschwand ihr Kopf, dann ihre Schultern, ihre Hüften und dann ihre endlos langen Beine.
Und dann folgte Old Shatterhand.
Der Kellergang war so niedrig, daß man sich nur kriechend fortbewegen konnte. Selbst im Sitzen mußte man noch den Kopf beugen.
Liegen war die einzig erträgliche Position.
Die Heizröhren knackten. Es war eine Bullenhitze.
Die Luft war zum Schneiden.
Ist es möglich, daß solche Umgebung zum Paradies werden kann?
„Ja“, sagte Peterhans ganz laut, als er in seinen Erinnerungen soweit gekommen war.

Dann verließ er das Klinikgelände durch eine Nebenpforte, die auf den Franzosenweg führte. Als das kleine Tor hinter ihm zufiel, schloß sich für immer der Garten seiner Kindheit.

Holzschnitt von A. Ehrhardt zum Gedicht „Die Saalenixe" von Charles Rocco (Gehre)

Charles Rocco (Gehre)

**Die Saalenixe.**
Studenten-Bänkelsang.

Alte, liebe, traute Saale,
Deutschen Reichs Studentenfluß,
Klingt ein Echo Dir im Tale,
Klingt's wie Schmollis, Lied und Kuß!

Träumend spiegeln Deine Wogen
Stolzer Burgen Efeugrab.
Unter alten Brückenbogen
Schwimmt's im Jugendglück talab.

Deiner holden Nixen eine
Sehnte sich vor grauer Zeit,
Noch Studenten gab es keine,
Nach der Liebe Süßigkeit.

's war ein Fuhrmann auserkoren,
Dem sie ihre Neigung bot,
Doch ihr Minnen war verloren,
Denn er war ein großer Knot'[1].

Auf dem zarten, weißen Linnen,
Das sie sich am Ufer bleicht,
Trampelt er – welch ein Beginnen! –
Tappt und trappt er unerweicht.

Aber als zu seinem Wagen
Er sich wieder wenden tut,
Packt die Nixe ihn am Kragen,
Zieht ihn in der Saale Flut.

Taucht mit ihm kopfüber unter,
Stellt sich vor als seine Braut
Und von einer Riesenflunder
Ward er flugs ihr angetraut.

Lebte nach der alten Sage,
Meist in Höhlen eingespunnt,
An dreihundert Honigtage
Auf der Saale kühlem Grund.

Aber als ein Kind gekommen,
Glaubte sie nichts zu versehn,
Hat ihn mit an's Licht genommen,
An der Wiege muß er stehn.

Kaum hat er sich umgewendet,
Schmeißt der Kerl die Wiege um!
Seine Fuhrmannstreue endet –
Nixlein, ach, wie warst du dumm!

Heute ist schon viel gescheiter,
Was in Halle, Jena minnt.
Schwört Dein Liebster, flucht er, schreit er,
Halt' ihn feste, schönes Kind!

---

[1] Knot: grober Kerl.

Bucheinband „Umgang in und mit der Gesellschaft“ von Emil Rocco, 1905

## Emil Rocco, Der Umgang in und mit der Gesellschaft
## Vorwort zur neunten Auflage

Dreißig Jahre sind verflossen, seit der „Umgang" zum erstenmale erschien. Wiederholt ist während dieses Zeitraums dem Verfasser die Freude geworden, sein Buch neu ausgerüstet auf die Wanderschaft schicken zu können, und abermals gilt es heute, ihm einige Begleitworte mit auf den Weg zu geben. Da möge es mir gestattet sein, einen kurzen Rückblick auf die Lebensgeschichte des Werkchens zu tun und einige persönliche Bemerkungen hinzuzufügen.

Hervorgegangen ist der „Umgang" aus der einst vielgelesenen Schrift „Die natürliche und künstliche Bewegung des Körpers" von *Wilh. Rocco*, meinem verstorbenen Vater. Ein in dem Buche enthaltenes Kapitel „Über Konvenienzregeln" bildete den Ausgangspunkt für meine Arbeit, welche durch die Anregung des Vaters und die Fingerzeige lieber Freunde aufs beste unterstützt wurde. Der „Umgang" fand eine sehr günstige Aufnahme, das Buch hatte offenbar den Ton getroffen, der dem Zeitbedürfnis entsprach.

Von seinem Erfolg hervorgerufen, schossen die Anstandsbücher wie Pilze aus der Erde, ungezählte Schriften behandelten dasselbe Thema in mehr oder weniger enger Anlehnung an den „Umgang". Trotzdem konnte er immer wieder neu aufgelegt werden, und bis heute ist er im Kampfe ums Dasein den zahlreichen Konkurrenzschriften nicht unterlegen.

Dieser Erfolg gibt dem Verfasser aber nicht nur weitere gute Zuversicht, sondern ist ihm auch ein Sporn gewesen, dem Buche die Lebensfrische zu erhalten, es nicht veralten zu lassen. Sind doch die gesellschaftlichen Gepflogenheiten manchen Veränderungen unterworfen, die oft unbedeutend sein mögen, immerhin aber nicht übersehen werden dürfen.

Junge Leute, denen in ihren Kreisen die Gelegenheit fehlt, sich mit den Umgangsformen vertraut zu machen, wollte der

Verfasser auf die wichtigsten Äußerlichkeiten des Verkehrs in der Gesellschaft, in der Familie, in der Öffentlichkeit und auf manches damit Zusammenhängende aufmerksam machen. Sollten sich aber hin und wieder Leser finden, die, obwohl sie weder zu den ganz jungen, noch zu den gesellschaftlich Unerfahrenen gehören, doch einiges Interesse an dem Buche nehmen, so würde das für den Verfasser um so erfreulicher sein. Wenn bei der eingehenden Behandlung jener Äußerlichkeiten nicht unterlassen ist, hervorzuheben, daß hoch über allem äußeren Schliff die innere Sittlichkeit des Menschen steht, nicht bloß im stillen Kämmerlein, sondern auch im strahlenden Gesellschaftssaal, so glaubt der Verfasser damit eine Mahnung ausgesprochen zu haben, ohne die jeder Rat zur Beobachtung der Konvenienzregeln ein schlechter Rat werden müßte.
(...)
Möge auch die neue Auflage eine günstige Beurteilung finden.

Halle, im November 1905.
E. Rocco.

(1. Abschnitt)
Anstand

Sicherlich wäre es gegen Vernunft und Recht, wenn wir bei der Beurteilung eines Menschen äußeren Dingen einen überwiegenden und entscheidenden Einfluß zugestehen wollten, wenn wir durch Äußerlichkeiten uns den Blick trüben ließen für das Innere, und doch unterliegt es keinem Zweifel, daß gewandte Umgangsformen uns angenehmer berühren als ungewandte, daß der Eindruck, den wir von anderen gewinnen, durch gute Manieren gehoben, durch weniger gute beeinträchtigt wird. Das ist eine Beobachtung, die wir alle täglich machen können, aber nicht alle nehmen sich die Mahnung, die in ihr liegt, so wie es sein sollte zu Herzen. Es gibt genug Menschen, auch in den gebildeten Kreisen, die ihrer gesellschaftlichen Erziehung allzu geringe Beachtung schenken, die nicht daran denken, daß auch der Edelstein des Schliffes bedarf, wenn er zur Geltung kommen soll. Sehr zu ihrem Schaden!

Denn die Gesellschaft ahndet die Verfehlungen gegen den guten Ton streng und unnachsichtlich, gleichviel ob aus Gedankenlosigkeit oder aus Mutwillen, oder ob aus Bequemlichkeit gesündigt wird. Die liebe Bequemlichkeit ist ja der Boden, auf dem die Unmanierlichkeit besonders üppig wuchert. Mancher junge Mann meidet den gesellschaftlichen Verkehr, weil es ihm lästig ist, sich einen Zwang aufzuerlegen, er bleibt lieber daheim in seinen vier Pfählen, wo niemand Rücksichten von ihm verlangt, wo er „nach seiner Fasson" leben kann. Allerlei Gründe sucht er hervor, um seine Absonderung vor sich und den anderen zu entschuldigen, nur den wahren Grund, seine Scheu vor den „Unbequemlichkeiten", den gesteht er nicht ein.

Und mit zunehmendem Alter wächst die Unlust, sich in die Schule des gesellschaftlichen Lebens zu geben. Freilich, das leichteste Studium ist es nicht, das Studium der guten Lebensart, und mancher hat die griechische Syntax besser in sich aufgenommen, als die Grammatik des guten Tons. Hier handelt es sich nicht um Auswendiglernen von Antworten auf Fragen, die der gestrenge Examinator, die Gesellschaft, stellt. Wohl kann man über die Umgangsformen sich aus einem Buche unterrichten, aber auch hier geht probieren über studieren, auch hier gilt das Wort: „Grau, teurer Freund, ist alle Theorie, und grün des Lebens goldner Baum." Wer ein guter Gesellschafter werden will, muß die Rechte und Pflichten im Gesellschaftsleben von Angesicht zu Angesicht kennen lernen. Übung macht den Meister, und Gewohnheit wird zur andern Natur.

Wenn wir es trotzdem unternommen haben, die Regeln des Anstands in einem Buch zusammenzufassen, so geschah es in der Überzeugung, daß neben dem praktischen Unterricht, den der Verkehr in der Gesellschaft erteilt, eine häusliche Nachhilfe schätzenswerte Dienste leisten wird. Manch einer freilich weist guten Rat von der Hand, weil er nicht eingestehen möchte, daß er ihn nötig hat; aber wenn der tüchtigste Seefahrer sich nicht schämt, die Hilfe des Piloten in Anspruch zu nehmen, um sein Schiff durch die Gefahren eines unbekannten Meeres zu steuern, wie viel mehr sollte derjenige, der in der Kunst der Navigation auf dem Meere der Gesellschaft unerfahren ist, den Lotsen willkommen heißen, der ihn vor Schiffbruch bewahrt. Denn der verborgenen Klippen und Riffe ist Legion, und groß die Zahl derer, die an ihnen scheitern. Nun wohl, ein solcher Lotse möchte unser Buch sein!

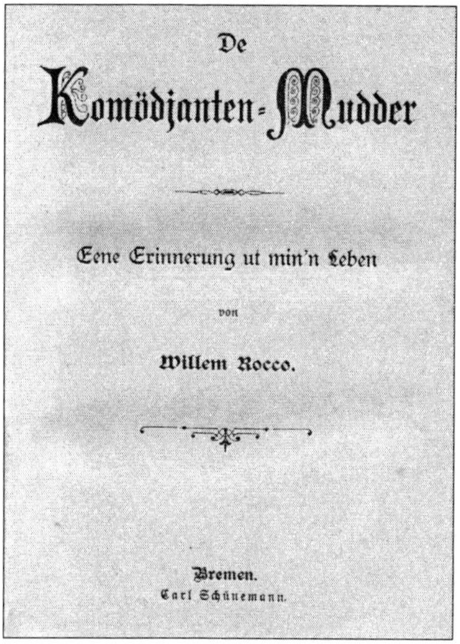

De
Komödjanten-Mudder
Eene Erinnerung ut min'n Leben
von
Willem Rocco.
Bremen.
Carl Schünemann.

Buchtitel zu „De Komödjanten-Mudder" von Wilhelm Rocco, 1895

Friedrich Wilhelm Rocco

## De Komödjanten-Mudder

Wenn wi Menschenkinner ohld worrn sind und dat hoge Oller us togoderletzt noch allerhand Schottelgebreken, Gicht, Podagra, dicke Föte un annern Swerenotskram uppackt hett, denn willt sulwst de Freiden, de us de grote Welt af un an vielicht noch anbut, gar nich mehr so smecken, wie se hat dahn hebbt, as wi noch jung weern. Man darum brukt ohle Lüde noch nich den Kopp hangen to laten; wat hier, wat dar – jedet Oller hett sine Freiden, wenn 't up de ohlen Dage ok blot stille Freiden sind. Wenn Grotvadder up sinen Sorgenstohl sitt, kann he sick sulwst upmunstern un sine Plagen vergäten, wenn he truggedenkt an de ohlen Tiden, as he noch mank gode Frunne un Frundinnen lustig un kregel „Freut Euche des Lebens" mitsung.

Ick bin nu siewunsäbentig Jahr, mi fallt dat aber gar nich swar, mi sulke stille Freiden to maken. Wenn ick an all de goden Minschen denke, de mi up minen langen Lebensweg begegent sind, weer ick vergnögt, un mi gefallt dat denn narrns bäter, as in min lütje Stuben, besonners wenn 't buten kold i un de Winter mi de witten Blomen an de Finster malt.

Denn schuw ick minen Sorgenstohl dicht an den warmen Aben un duk mit min Gedanken deep, deep in lang vergahne Tiden, un denn ward mi dat Hart wedder jung. – Ja, ja so 'n Truggedenken bringt dusend stille Freiden.

Wat mi vor veertein Dage passeert is, dat vergät ick mannigmal licht, man wat ick vor veertig, foftig un seßtig Jahren belewt heff, dat steiht mit lebennige Farben klar vor mine Ogen.

In de letzten Dage von use Scholtid leeten wi us von use Scholkameraden un ok von de derns, de mit us kunfirmeert wurrn, tum Abscheed wunnerschöne Verse, allerhand Rimelrei von Rosen un Nelken, Immergrön un ewige Frundschupp up Stammbokbläder schrieben; Stammbokbläder mit Haarlocken – je mehr je bäter – dat weern de besten. – Ewige Frundschupp?! – Dat is licht seggt: for 'n Halben Lewerwust, sä Slachter Goosmann sin Fro. – Je ja, je ja! Ewige Frundschupp! Fragt mal de ohlen Lüde, wo ehre Stammbokbläder bleben sind un wo lang de ewige Frundschupp duurt hett?!

Na, wenn nu ok nich all de Ohlen ehre Stammbokbläder so in Ehren holn hebbt, as ick, so glow ick doch, dat mannigeen noch sulke Bläder in de ohle Pulterkamer liggen hett, de jeder Minsch in sin eegen Harte mit sich rumdriggt, wo väl Rum in is un for de Gottlow noch keene Stüern to betahlen sind, - un dar sind se ok woll am besten verwahrt.

Af un ander stöber ick geern mal in min Stammbok rum un jedetmal finn ick dar Bläder, de ick, wenn se och noch so gäl un verrökert utseht, doch in Leewe an min Hart druck un de ick towilen gar nich lesen kann, ahne mi de Thranen in de Ogen kamt.

So ′n Blatt hef ick just hüte in de Hand, et is dat letzte, wat ick in min ′n Leben krägen heff, nich in min Vadderstadt Bremen, nä, in Hamborg, as ick all lange kunfirmeert weer; et is dat eenzige, wat plattdütsch schräben is.
Dat lutt so:
Dat Lachen is, dat Lachen blifft
For alle Pien dat Gegengift.
Zum Andenken an de ohle Komödjanten-Mudder
Lene Schumann
geb. Hebeler
Hamborg, den 7. Oktober 1845.

Ick will nu vertellen, up welke Wise ick disse Lene Schumann kennen lehrt heff, un min Vertellsel schall bewisen, dat de brawe Fro for all dat, wat se mi un minen Kollegen in use jungen Jahren Godes dahn hett, rieklich verdeent, dat ick ehr hüte noch von Harten dankbar bin, wenn ok ut minen Swartkopp längst en Wittkopp worrn is.
Ick weer 1842 un 1843 von den Directer Plock in Altona as Schauspäler engageert un stund mit em up goden Fod; ick harr for de damalige Tid en gode Gage, un as he mi dat tweede Jahr en Benefiz bewilligte, dat up minen Part äwer tweehunnert Dahler brochte, tuschte ick mit num's up'r Welt. Ick weer gesund as'n Fisch in'n Water, grote Sorgen harr ick noch nich kennen lehrt, un so weer dat jo keen Wunner, dat ick in Altona twee gluckliche un fidele Jahre verlewte. Leider sturw use gode Directer, un Engelhart ut Berlin, de „schöne Eduard“, äwernehm de Direkschon.
1844 nehm ick en Engagement in Hamborg bi dat Aktientheater an, wo de Bokhändler Richter, de naher de „Reform“ rutgeew, as Vorsitter von't Comite an'r Spitze stund. Bit darhen harr ick tweede Rullen spält, un nu wurd' ick for dat erste komische Fach anstellt. As ick den Kuntrakt in′r Taschen harr, make mi dat kreuzfidel, un ick glow, ok en bäten

äwermödig. Min Loschi in Altona harr ich kunnigt, un gung nu up de Söke nah'n hübsche Wahnung in Hamborg up St. Pauli. Twee Dage weer ick all rumwannert, man narrns woll't mi recht passen, se weern mi alle nich staatsch genog, denn – ick segg jo – mi weer de Kamm swullen. Argerlich woll ick up't letzt wedder nah Hus gahn, as mi infullt, dat en Kollege vo mi, de all en paar Jahr an'n Thalia-Theater anstellt weer – Schimang heet he – an'n Heiligengeistfeld wohnen däh. He harr mi verledden Winter so väle Wunnergeschichten von sine Harbargsmudder, de Wittwe Schumann, vertellt, dat ick sine Döntjes halw for Flunkeree heelt.
En Ohlsche von 67 Jahren, bannig rik, leet ut Leewhewweree for Schauspälers, en Stucker seß oder säben darvon bi de beste Kost un de schönste Wahnung halw umsunst, for'n Dudeldei, bi sick wahnen. – Wer konnte dat globen? Dat ward woll so'n Art von Kasern sin, dacht ick, und frog mi, as ick dune bi'n Heiligengeistfeld weer, geihst'r mal rin, oder geihst'r nich rin? – No, ick gung rin. (...)

Goetz-Denkmal von Michael Weihe am Neuen Theater Halle (2004), (Foto: Thomas Ziegler, Stadtfotograf)

## C. Werke

### DER FLIEGENDE GEHEIMRAT

PERSONEN

Der Herr Geheimrat
Die Frau Geheimrat
Ein schüchterner junger Mann
und Herr Mors

*Komfortables Behandlungszimmer beim Laryngologen. Entsprechende Instrumente. Der Herr Geheimrat ist fünfundfünfzig Jahre. Man merkt es ihm unbedingt an, daß er Geheimrat ist. Er beklopft und behorcht – immer den Spiegel am Kopf – einen schüchternen jungen Mann, der mit entblößtem Oberkörper vor ihm steht.*

GEHEIMRAT: Tief atmen! – Noch mal bitte. – Tief! – Noch einmal! – So. Ziehen Sie sich an. – Die Lunge ist gesund. *Geht zum Schreibtisch.* Wie lange haben Sie den Katarrh schon?
PATIENT: Seit drei Monaten.
GEHEIMRAT: Waren Sie schon in Behandlung?
PATIENT: Jawohl.
GEHEIMRAT: Was hat man Ihnen verordnet?
PATIENT: Die Nordsee.
GEHEIMRAT: Waren Sie dort?
PATIENT: Jawohl. – Aber es ist bedeutend schlechter geworden.
GEHEIMRAT: Das habe ich mir gleich gedacht. *Ihn über die Brille musternd:* Welches Rindvieh hat Sie an die Nordsee geschickt?
PATIENT *verlegen:* Das waren Herr Geheimrat selbst.
GEHEIMRAT macht eine große Pause; dann schneuzt er sich: Wann – e – soll denn das gewesen sein? Er blättert in seinem Buch.
PATIENT: Am 14. Juli.

GEHEIMRAT: Hm. Ja. Richtig. Da steht es. Schierke heißen Sie, nicht wahr?
PATIENT: Jawohl, mein Name ist Schierke.
GEHEIMRAT: Hm. Ziehen Sie sich nur ruhig wieder an. – Tja, wie aus meinen Notizen hervorgeht, war das damals auch für Sie das einzig Richtige. In Ihrem damaligen Stadium. Wohlverstanden. Tja, man konnte ja nicht ahnen, daß Sie so stürmisches Wetter antreffen würden.
PATIENT: Es war eigentlich ganz windstill. – – Es regte sich kein Lüftchen – sozusagen.
GEHEIMRAT: Das meine ich ja eben. Sie haben von der ganzen Seeluft nichts gehabt. Gar nichts. Womöglich Landwind, wie?
PATIENT: Ja. Nein.
GEHEIMRAT: Na, sehn Sie! – Da ist es natürlich kein Wunder. Übrigens kommt die Wirkung auch häufig erst nach!
PATIENT, *der mit seiner Toilette fertig ist:* Ja, das ist auch meine Hoffnung.
GEHEIMRAT: Natürlich! – Kommt immer nach. Muß ja nachkommen. Na – nun nehmen Sie mal hier Platz. – So. *Leuchtet ihm in die Nase.* Kopf herunter. – So. – Hm. – Das sieht allerdings schlimm aus. Sie bekommen gar keine Luft durch die Nase.
PATIENT: Nein!
GEHEIMRAT: Hm. – Nun will ich mir noch Ihren Kehlkopf ansehen. – Bitte, nehmen Sie die Zunge heraus. – Mit dem Taschentuch. – So. – *Führt ihm den Kehlkopfspiegel ein, singt:* Heee, hee, – –
PATIENT: Heeeeeeee – – – Krrrrrrr
GEHEIMRAT : Ruhig atmen!! – Durch die Nase!!
PATIENT: Katatakapapla –
GEHEIMRAT *von ihm ablassend:* Was sagen Sie?
PATIENT: Durch die Nase kann ich nicht atmen. – Ich habe den Schnupfen.
GEHEIMRAT: Hm. – Was sind Sie?

PATIENT: Sänger.
GEHEIMRAT: So! So! Dann – e – stört Sie das natürlich sehr!
PATIENT: O ja. Ich habe mir Urlaub nehmen müssen.
GEHEIMRAT: Hm. Na. Dann will ich Ihnen mal was sagen. Ich werde Ihnen etwas aufschreiben, das nehmen Sie heute – und morgen auch – und übermorgen setzen Sie das fort und – e – so weiter. Und dann kommen Sie mir mal übermorgen wieder. Adieu.
PATIENT: Herr Geheimrat wollten mir noch etwas aufschreiben.
GEHEIMRAT: Ach so. Ja. *Tut es.* So.
PATIENT: Danke sehr! – Adieu, Herr Geheimrat!
GEHEIMRAT: Adieu, adieu. Also morgen auf Wiedersehen!
PATIENT: Übermorgen –!
GEHEIMRAT: Natürlich! – *Er läßt ihn zur Tür links hinaus. Dann öffnet er die Tür zum Wartezimmer.*
Der Nächste bitte!
*MORS[2] tritt ein. HERR MORS macht keinen behaglichen Eindruck. Er hat einen kleinen Kopf wie eine vertrocknete Kokosnuß und ein ebensolches Gesicht. Er ist sehr dünn. Die Kleidung ist schwarz, die Rockärmel sind so lang, daß die Hände nicht zu sehen sind.*
GEHEIMRAT *betrachtet ihn etwas verwundert:* Wollen Sie bitte Platz nehmen!
MORS: Danke. *Setzt sich.*
GEHEIMRAT *am Schreibtisch:* Ihr Name?
MORS: Mors.
GEHEIMRAT *Stutzt:* Wie?
MORS: Mors.
GEHEIMRAT: Hm. – Und Ihr Vorname.
MORS: Hein.
GEHEIMRAT: Wie??
MORS: Was?
GEHEIMRAT: Also Heinrich?

---

2 (lateinisch) – deutsch: Tod. Goetz bedient sich hier einer alten literarischen Tradition, der sog. Allegorisierung: Der Tod tritt in Gestalt eines Menschen auf.

MORS *nickt.*
GEHEIMRAT: Wie alt sind Sie?
MORS: Das weiß ich nicht genau.
GEHEIMRAT: Das wissen Sie nicht genau??! *Sieht ihn an.*
MORS *sieht ihn auch an.*
GEHEIMRAT: Hm. – Sind Sie verheiratet?
MORS: Nein.
GEHEIMRAT: Haben Sie Kinder?
MORS: Nein.
GEHEIMRAT: Woran leiden Sie?
MORS: Ich habe mich erkältet.
GEHEIMRAT: Ziehen Sie sich aus!
MORS: Ach nein!
GEHEIMRAT: Wieso?
MORS: Das möchte ich nicht.
GEHEIMRAT: Warum nicht?
MORS: Ich geniere mich. Ich bin so dünn. Herr Geheimrat würden doch nichts finden.
GEHEIMRAT *sieht ihn an.* MORS *sieht ihn auch an.*
GEHEIMRAT: Wie Sie wollen. – Machen Sie den Mund auf!
MORS *tut es.*
GEHEIMRAT *sieht hinein. Er zuckt anfangs, dann räuspert er sich und sieht nochmals genau zu.* Alle Wetter! Hm. Sie leiden – e – an einem sehr alten Rachenkatarrh.
MORS: Hm.
GEHEIMRAT: Husten Sie auch?
MORS: Zuweilen.
GEHEIMRAT: Wie lange haben Sie schon Beschwerden?
MORS: Ich weiß es nicht genau.
GEHEIMRAT *möchte grob werden, traut sich aber nicht recht. Ohne ihn anzusehen:* Sie wissen es nicht genau! – Was wissen Sie denn eigentlich genau!?
MORS: Ich möchte den Herrn Geheimrat nicht ängstigen. Sonst wüßte ich schon, was ich wüßte!

GEHEIMRAT *schon sehr nervös:* Bitte, bitte! – Genieren Sie sich gar nicht! Ich muß Ihnen aber schon sagen, daß Ihr sonderbares Benehmen –
MORS: Wie alt sind Sie, Herr Geheimrat?
GEHEIMRAT: Was geht Sie das an!
MORS *hat ein Notizbuch hervorgeholt:* Herr Geheimrat sind am 30. September 1858 auf diese Welt gekommen.
GEHEIMRAT: Allerdings.
MORS: Nachmittags vier Uhr.
GEHEIMRAT: Das weiß ich nicht.
MORS: Hier steht es. – Mithin sind Herr Geheimrat 55 Jahre alt. Haben Herr Geheimrat schon einmal an Herrn Geheimrats Tod gedacht?
GEHEIMRAT *wischt sich den Schweiß:* Hören Sie mal, mein Lieber, wenn Sie etwa von einer Lebensversicherungsgesellschaft –
MORS *winkt ab:* Bin ich nicht! Bin ich nicht! Aber ich sehe, daß dieses Thema Herrn Geheimrat angreift. Deshalb will ich lieber nicht sagen, was ich weiß.
GEHEIMRAT: Nehmen Sie kein Blatt vor den Mund!
MORS: Es eilt nicht.
GEHEIMRAT *springt wütend auf:* Wollen Sie mir jetzt endlich sagen, weswegen Sie hier sind oder nicht!!?
MORS *erschrocken:* Ich bin wegen meines Katarrhs hier, den ich mir von Herrn Geheimrat behandeln –
GEHEIMRAT *beschwichtigt:* Ach so! – – *Sucht in den Instrumenten.* Sie machen mich ja ganz nervös! – Ich werde Ihnen etwas einspritzen!
MORS: Bitte schön.
GEHEIMRAT: Machen Sie den Mund auf. – Nehmen Sie die Zunge heraus. – Mit dem Taschentuch, bitte – – –
MORS *nimmt das geheimrätliche Taschentuch aus dessen oberer Jackettasche, ohne daß dieser es bemerkt.*
GEHEIMRAT: Sooo. Ruhig atmen! *Führt ihm den Puster in den Rachen, singt:* Heeeeee –

MORS: Huuuuuuu – – – *Hustet dem Geheimrat ins Gesicht.*
GEHEIMRAT *fällt in den Sessel zurück und läßt die Instrumente fallen.*
MORS: Oh! *Er fächelt dem Geheimrat mit dem Löschblatt Luft zu.*
GEHEIMRAT *kommt wieder zu sich:* Hören Sie mal – – sagen Sie mal – – was – wie –
MORS: Entschuldigen Sie. – – Sie machten das so ungeschickt, daß ich husten mußte.
GEHEIMRAT *hat sich erhoben. Er torkelt noch ein bißchen:* Einen Atem haben Sie! – Einen Atem!
MORS: Es verträgt ihn nicht jeder.
GEHEIMRAT: Sie – Sie können gehen. Kommen Sie Mittwoch wieder oder Donnerstag. – Sie brauchen – e – überhaupt nicht wiederzukommen. Es wird wohl genügen.
MORS: Nach Italien brauche ich nicht zu gehen?
GEHEIMRAT: Nach Italien? – Nein. – Das heißt ja natürlich – e – wenn Sie können. – Gewiß! Das wird Ihnen gut tun!
MORS: Dem armen Richard hat es aber auch nicht gut getan!
GEHEIMRAT: Rich – – –
MORS: Den schickten Sie nach Italien.
GEHEIMRAT: Ge – – wiß. Er hatte – e – einen hartnäckigen Schnupfen.
MORS: Nein. Er hatte Krebs. – Aber wenn er Schnupfen gehabt hätte, wäre die Behandlung des Herrn Geheimrat eine ausgezeichnete gewesen.
GEHEIMRAT: Wie können – Sie –
MORS: Er hatte Krebs. Ich weiß es. Dafür ist er nun auch tot. – Ich bin Ihnen sehr dankbar, Herr Geheimrat!
GEHEIMRAT: Wer sind Sie, Mensch!
MORS: Ich bin's wirklich. Ich bin der Tod.
GEHEIMRAT *hat sich gefaßt:* Bitte, nehmen Sie Platz! *Er bietet ihm einen Stuhl weiter vorn an.*
MORS: Danke. *Setzt sich.* Meine Zeit ist allerdings gemessen.
GEHEIMRAT: Womit kann ich Ihnen dienen?
MORS: Herr Geheimrat sind fällig!

GEHEIMRAT: Ich fühle mich noch sehr rüstig.

MORS: Das pflegen die ersten Anzeichen zu sein. – Es liegt nur an mir, und die Herrschaften im Wartezimmer können getrost nach Hause gehen!

GEHEIMRAT: Warum bedienen Sie sich also nicht?

MORS: Ich möchte mir einen Vorschlag erlauben.

GEHEIMRAT *etwas erleichtert:* Bitte?

MORS: Sie möchten doch gern noch leben?

GEHEIMRAT: Gewiß.

MORS: Hm! – – Ich würde mich eventuell bereit finden lassen, Ihnen noch zehn Jahre zu garantieren, wenn –

GEHEIMRAT: Wenn?? – –

MORS: Sie haben die Absicht, Ihre Praxis aufzugeben? So habe ich gehört?

GEHEIMRAT: Ja. Allerdings.

MORS: Also, ich würde Ihnen noch zehn Jahre garantieren, wenn Sie Ihre Praxis nicht aufgeben würden!

GEHEIMRAT *sieht ihn groß an.*

MORS *sieht ihn auch an:* Manus manum lavat! *(= Eine Hand wäscht die andere.)*

GEHEIMRAT *springt auf:* Herr!! – Sie sind frech!!!

MORS: Das wäre undankbar einem so geschätzten Mitarbeiter gegenüber. – Ich bitte um Verzeihung!

GEHEIMRAT *beißt sich auf die Lippen:* Und wenn ich meine Praxis doch aufgebe?

MORS: Würde ich so frei sein, Herrn Geheimrat gleich mitzunehmen.

GEHEIMRAT *geht erregt im Zimmer auf und ab, während Mors seinen Hut dreht.*

GEHEIMRAT, *dem eine Idee gekommen ist:* Hm. – Warten Sie mal. Einen Augenblick. – – Ja. – Also hören Sie mal. *Setzt sich.* In dieser Form kann ich auf das Geschäft nicht eingehen.

MORS: Nicht?

GEHEIMRAT: Nein!

MORS *zuckt die Achseln.*

GEHEIMRAT: In dieser Form nicht. – Aber ich mache Ihnen einen anderen Vorschlag: Von einer Garantie einer bestimmten Zeit sehen wir ganz ab! Sie geben selbst zu, daß ich Ihnen von Nutzen bin.

MORS: Zweifellos.

GEHEIMRAT: Na also! – Dann sagen wir eben einfach: Solange ich meine Praxis nicht niederlege, solange verschonen Sie mich. Wollen Sie darauf eingehen?

MORS *loyal:* Aber selbstverständlich, Herr Geheimrat. Dabei riskiere ich gar nichts.

GEHEIMRAT *erleichtert, hält ihm die Hand hin:* Topp!

MORS *auf die Hand deutend:* Vorsicht! *Legt seine Hand auf den Rücken.*

GEHEIMRAT: Ach so!

MORS *nickt:* Kleiner Schlaganfall wäre doch mindestens zu befürchten!

GEHEIMRAT: Hm. Machen wir das irgendwie schriftlich?

MORS: Mein Wort genügt! Es bleibt dabei. Auf Wiedersehen!

GEHEIMRAT: Auf Wieder – e – Adieu! Und wegen des Katarrhs gurgeln Sie ein bißchen mit Emser Salz. *Bringt ihn zur Tür.*

MORS: Ihre Gesundheit ist mir jetzt von Wichtigkeit, Herr Geheimrat; vielleicht konsultieren Sie wegen Ihres leicht reizbaren Kehlkopfes einen tüchtigen Spezialisten. *Ab.*

GEHEIMRAT *läßt sich erschöpft in einen Sessel fallen. Er beruhigt sich nur langsam. Er erhebt sich, geht ein paarmal im Zimmer auf und ab, dann zur Tür links, die er öffnet:* Valeska! *Schreit:* Valeska!!

FRAU GEHEIMRAT *von draußen links:* Ja doch! Was ist denn?

GEHEIMRAT: Komm mal rein! *Geht von der Tür weg, im Zimmer hin und her, da sie nicht gleich kommt.* Valeska!!!!

FRAU GEHEIMRAT *tritt ein. Sie ist aus Halle, aber sonst ungefährlich. Sie ist harmloser als ihr Dialekt, der dem Geheimrat an die Nerven geht. In ihrer Gegenwart ist die Würde des Herrn Geheimrats nicht mehr so sinnfällig. Mit gelindem Vorwurf:* Herrjeses, schrei doch nich so, Mann! Was soll'n denn die Leute denken!

GEHEIMRAT: Das ist mir ganz wurscht, was die Leute denken!

FRAU GEHEIMRAT: Was ist denn los, um Gottes willen!? Sei doch nicht so garstig, Otto! Und was ist denn hier für 'ne muffige Luft? *Öffnet die Fenster.*

GEHEIMRAT: Setz dich mal hierher!

FRAU GEHEIMRAT *im Begriff, der Aufforderung Folge zu leisten:* Gott, Otto!! – Wie siehste denn aus?? Ist dir was passiert, Otto?

GEHEIMRAT: Du sollst dich mal da hinsetzen!!

FRAU GEHEIMRAT *ängstlich:* Nuja. – – *Setzt sich.*

GEHEIMRAT: Hör mich mal ruhig an –!

FRAU GEHEIMRAT: Freilich –

GEHEIMRAT *mit Betonung:* Ohne mich fortwährend zu unterbrechen!! – – Außerdem bitte ich dich, ganz ruhig zu bleiben!!

FRAU GEHEIMRAT: Gott, Otto – –!!

GEHEIMRAT: Also: – –!! Der Tod war hier!

FRAU GEHEIMRAT: Theodor? – Was wollt' er denn?

GEHEIMRAT: Nicht Theodor!! – Der Tod!!

FRAU GEHEIMRAT: Mann!!

GEHEIMRAT: Tu mir den einzigen Gefallen und sieh mich nicht so blödsinnig an!

FRAU GEHEIMRAT: Aber Mann! –

GEHEIMRAT *dicht vor ihr; ganz sanft:* Liebes Kind, ich bitte dich, mir einmal ausnahmsweise ohne weiteres zu glauben: Der Tod war hier.

FRAU GEHEIMRAT *sieht ihn fassungslos an. Dann heult sie los und läßt ihrem Dialekt freien Lauf:* Da hammersch! Ich hab's dir immer gesagt, du sollst dir mehr Ferjen gönnen! – Ganz nerwes biste schon!

GEHEIMRAT: Also willst du so gut sein –

FRAU GEHEIMRAT: Du sollst überhaupt die dumme Praxis aufgäm'! Schon lange! Aber du hörscht ja nicht!

GEHEIMRAT: Möchtest du also –

FRAU GEHEIMRAT: Immer mit deinem Dickkopp! – Bis du nochemal überschnappst!

GEHEIMRAT, *der in eine maßlose Wut geraten ist, schreit sie an, jedes Wort betonend:* Der Tod war hier!

FRAU GEHEIMRAT *mit einem fürchterlichen Schrei:* Riekchen!! *Springt auf und will hinaus.*

GEHEIMRAT, *der mit seinen Nerven fertig ist, ringt mit ihr:* Wenn du jetzt nicht augenblicklich ganz ruhig hier sitzen bleibst, du alberne Person – *hier fällt die Geheimrätin in den Sessel* –, dann wirst du es erleben, daß ich wirklich überschnappe! Hast du mich verstanden!?

FRAU GEHEIMRAT *ersterbend:* Otto!

GEHEIMRAT: Sei ruhig! – Also der Tod war hier. – Leibhaftig hier. – Dort auf dem Stuhl hat er gesessen. – – Kind, wenn du es vermeiden könntest, mich mit diesem hallischen Blick anzustieren, wäre ich dir außerordentlich dankbar! – *Wütend:* So etwas von – – *Schlägt sich vor die Stirn, wo leider der Spiegel befestigt ist.* Na!! – Schon gut! – Wenn du es also schon nicht zu fassen vermagst, so nimm meinetwegen an, ich habe geträumt! Aber höre zu! Und glaube es!! – Und sieh mich nicht an! Das halt' ich nicht aus!

FRAU GEHEIMRAT: Ich will dir ja alles glauben, Otto –

GEHEIMRAT: Also der Tod war hier. In der Maske eines Patienten. Er hat sich ganz gemütlich mit mir unterhalten. – – Was heulst du denn!!??

FRAU GEHEIMRAT: In einer Lebensversicherung bist du auch nicht!

GEHEIMRAT *will ein Instrument in die Ecke feuern:* Himmel – – –

FRAU GEHEIMRAT *ganz sanft:* Reg dich doch nicht so auf, Otto!

GEHEIMRAT *geht ans Fenster und fächelt sich Luft zu:* Ach du lieber Gott!! – – – Er hat sich also mit mir unterhalten und mir gesagt – und mir gesagt –

FRAU GEHEIMRAT: Um Gottes willen –!

GEHEIMRAT: Und mir gesagt: meine Zeit wäre eigentlich um –

FRAU GEHEIMRAT: Otto!!!

GEHEIMRAT *sehr laut:* Eigentlich um!! – Aber! – Und nun höre zu!

FRAU GEHEIMRAT: Ich höre doch, Otto.

GEHEIMRAT: Putz dir die Nase! – Aber! – Er will mich noch leben lassen – unter einer Bedingung –

FRAU GEHEIMRAT: Nämlich??

GEHEIMRAT: Wart's doch ab! – Unter einer Bedingung. – Wenn ich – wenn ich –

FRAU GEHEIMRAT: Otto!!

GEHEIMRAT: Wenn ich meine Praxis nicht aufgebe.

FRAU GEHEIMRAT *sprachlos:* E gar!

GEHEIMRAT: Jawohl!

FRAU GEHEIMRAT: Nanu! – – – Wieso denn? Warum sollst du sie denn nicht aufgeben? – Und wenn du sie nun doch aufgibst?

GEHEIMRAT: Holt er mich sofort!

FRAU GEHEIMRAT: So was!

GEHEIMRAT: Jawohl, so was! – Wenn es also nach dir gegangen wäre, wär' ich schon lange tot!

FRAU GEHEIMRAT: Otto !!!

GEHEIMRAT: Schrei nicht so!

FRAU GEHEIMRAT *leise:* Aber – weswäjen?

GEHEIMRAT: Weswegen! - Weswegen! – Das ist es ja eben. – Das ist es ja eben! *Geht zum Fenster.*

FRAU GEHEIMRAT: Otto, ich bitte dich –. Ich zittre am ganzen Leibe. – Ich flehe dich an: Schprich!

GEHEIMRAT: Wenn du dir nur deinen Dialekt abgewöhnen könntest!

FRAU GEHEIMRAT: Warum will er dich leben lassen, wenn du die Praxis nicht aufgibst?

GEHEIMRAT: Er sagte –. Er meinte, – eine Hand wüsche die andere.

FRAU GEHEIMRAT: Das – versteh' ich nicht –

GEHEIMRAT: Er wollte damit sagen, daß – e – daß ich ein Pfuscher sei und ihm in die Hände arbeite!!!! *Er läßt sich erschöpft in einen Sessel fallen.*

FRAU GEHEIMRAT *nach einer langen Pause:* Otto – der versteht vielleicht nischt!

GEHEIMRAT *stiert in eine Ecke:* Ach lieber Tod von Basel – Bi – Ba – Basel – –

FRAU GEHEIMRAT *schüchtern:* Lieber Otto!

GEHEIMRAT: Was denn!

FRAU GEHEIMRAT: Was soll denn nun geschehen?

GEHEIMRAT *richtet sich auf:* Es ist schon was geschehen?

FRAU GEHEIMRAT: Es ist schon – –?

GEHEIMRAT: Ich habe ihn überlistet!

FRAU GEHEIMRAT: Wen?

GEHEIMRAT: Den Tod!

FRAU GEHEIMRAT: Otto!

GEHEIMRAT *leise:* Ich habe mit ihm ausgemacht: Solange ich meine Praxis nicht niederlege, solange darf er mich nicht holen.

FRAU GEHEIMRAT: Und??

GEHEIMRAT *wie oben:* Ich lege meine Praxis nicht nieder! – Ich lege meine Praxis überhaupt nie nieder! Und wenn er platzt!

FRAU GEHEIMRAT: Aber – aber – lieber Otto –

GEHEIMRAT: Was denn!!?

FRAU GEHEIMRAT: Ich meine – wenn er nun recht hätte – mit der anderen Sache – – Gott, Otto, er versteht ja nichts – aber wenn er nun recht hätte – dann wär's doch sozusagen – Sünde – –

GEHEIMRAT: Ich sage dir doch, ich habe ihn überlistet! Laß mich doch ausreden! *Etwas leiser:* Den Leuten, die zu mir kommen, sehe ich in den Hals. Oder in die Nase. – Das kann ihnen doch unmöglich was schaden, wie?

FRAU GEHEIMRAT: Das glaube ich auch nicht.

GEHEIMRAT: Na also! Und im übrigen lasse ich sie in Ruhe.

FRAU GEHEIMRAT: Dann werden sie vielleicht gesund.

GEHEIMRAT *zerstreut:* Schon möglich.

FRAU GEHEIMRAT: Und deine Praxis wird immer größer, und du mußt egal praktizieren und stirbst überhaupt nicht!

GEHEIMRAT: Jedenfalls nicht, bevor es mir paßt!

FRAU GEHEIMRAT: Aber – Otto – wenn nun ein Fall eintritt, wo, wenn nicht eingegriffen wird, die Gefahr ist, daß der Betreffende stirbt – –??

GEHEIMRAT: Du sprichst ein entsetzliches Deutsch! Wo, wenn!! – Dann schicke ich den Betreffenden eben zu einem anderen Arzt! Das kann ich ja machen! Das macht man ja oft! Wegen Überbürdung! Aber meine Praxis lege ich deshalb noch lange nicht nieder! Nicht ums Verrecken!! *Es klopft stark an der Wartezimmertür.*

BEIDE *fahren zusammen.*

GEHEIMRAT: Ach!! Man ist schon ganz nervös! Meine Patienten werden ungeduldig. Geh jetzt!

FRAU GEHEIMRAT: Tja! *Geht zur Tür links. In der Tür bleibt sie stehen:* Otto!

GEHEIMRAT, *der seine Instrumente ordnet:* Hm?

FRAU GEHEIMRAT *schluchzend:* Du kommst mir vor – – Du kommst mir vor – – *In Tränen ausbrechend:* Wie der fliegende Holländer!! *Ab.*

GEHEIMRAT *stutzt einen Augenblick. Dann öffnet er die Tür zum Wartezimmer:* Der Nächste, bitte!

VORHANG

# MINNA MAGDALENA

PERSONEN

Die Frau Professor
Der Herr Professor
Martin Sack
und Minna

*Bei Professors. – Der Herr Professor sitzt mit seiner Frau Mathilde am Frühstückstisch. – Über allen dreien lagert eine gedrückte Stimmung.*

PROFESSOR: Tja, – daran ist wohl nichts mehr zu ändern.
MATHILDE *kaut sehr nervös an einem Happen*: Natürlich ist da nichts mehr zu ändern! – Dieses undankbare Geschöpf!
PROFESSOR *bescheiden*: Ich habe ja immer gemeint, du möchtest dich gar nicht so viel mit den Leuten abgeben. Man erntet ja doch nur Undank!
MATHILDE *nervös:* Ach ja – ach ja! – Ich habe mir wenigstens keine Vorwürfe zu machen! Was ich tun konnte, sie vor Versuchungen zu bewahren, habe ich getan!
PROFESSOR: Vielleicht – Mathilde – hast du am Ende – ehem – gar zuviel in dieser Hinsicht getan, indem du sie erst auf etwas aufmerksam machtest, was ihr bis dahin –
MATHILDE: Ach, das ist ja prachtvoll! – Nun bin ich zu guter Letzt noch schuld!
PROFESSOR: Aber wer sagt denn das! Ich meine nur – du hast doch nun gesehen, daß meine Theorie richtig war, daß selbst Mädchen vom Lande gewissen Verlockungen nicht unempfindlich gegenüberstehen –
MATHILDE: Sei so gut und halte mir einen längeren Vortrag!
PROFESSOR: Ich bin weit davon entfernt, dir einen Vortrag halten zu wollen. Ich will nur sagen, daß deine Bemühungen seinerzeit, die mit aller Energie darauf abzielten, ein Mäd-

chen vom Lande zu bekommen, ja nun ganz vergeblich gewesen sind, da die Voraussetzungen, die du mit deiner Absicht verknüpftest – nämlich ein ganz unbescholtenes Mädchen zu bekommen –, sich nicht erfüllt haben, respektive sich vielleicht wohl erfüllt hatten, aber durch den nunmehr eingetretenen bedauerlichen Fall – ehem – gegenstandslos geworden sind. – Ja, das habe ich sagen wollen. Aber wenn du willst, können wir ja dieses Thema verlassen.

MATHILDE *kaut immer noch nervös:* Diese undankbare Person!! Und eben erst sechzehn Jahre! *Sie legt sehr heftig die Gabel beiseite.*

PROFESSOR, *der sehr schreckhaft ist:* Tja, natürlich – natürlich! – Die Eier hat sie auch wieder hart gekocht, die dumme Gans!

MATHILDE: Die Eier habe ich gekocht!

PROFESSOR: Oh –

MATHILDE: Die Eier sind doch weich!

PROFESSOR: So, so! Dann sind sie mir wohl nur so hart vorgekommen! – Was ich noch sagen wollte – du nennst sie – ehem – undankbar –

MATHILDE: Vielleicht nicht? Ist sie das vielleicht nicht? Stundenlang habe ich ihr von den Gefahren der Großstadt erzählt – bis sie geweint hat. – Und dann hat sie immer gesagt: Ich bin Ihnen so dankbar, gnädige Frau! – – Und jetzt??

PROFESSOR: Hm. – Ehern – Meinst du nicht, Mathilde, daß es möglich wäre, daß sie sich – unbeschadet ihrer Dankbarkeit gegen dich – hingegeben hat. – Ich meine –

MATHILDE: Pst!!

MINNA *kommt mit dicken, verweinten Augen. Sie sieht niemanden an. Stellt die dicke Milch auf den Tisch und geht wieder. Ihre Bewegungen werden stumm verfolgt.*

PROFESSOR, *nachdem Minna ab ist:* Willst du ihr denn nun kündigen?

MATHILDE: Was soll ich machen? Sie fällt doch alle Augenblicke in Ohnmacht!

PROFESSOR: Oh – das ist allerdings – ehem – unangenehm!

MATHILDE: Vor allen Dingen bleibt die Arbeit liegen!

PROFESSOR: Richtig! Das kommt nun auch noch hinzu! Wann hat sie dir es denn gestanden?

MATHILDE: Gestern, nachdem sie vom Sanitätsrat kam, der sie untersucht hat. Auf meine Frage, was der Arzt gesagt habe, antwortete sie, der Herr Sanitätsrat wolle mir das selber schreiben! – Da wußte ich natürlich Bescheid! – Ich nahm sie ordentlich ins Gebet, bis sie alles zugab. – Diese undankbare Person! –

PROFESSOR: Wie – e – wie lange dürfte sie denn schon in diesen – ehem – Zustand versetzt sein?

MATHILDE: Sie sagt, vor drei Monaten sei es gewesen –

PROFESSOR: So, so! Vor drei Monaten –! Nun sieh mal an!

MATHILDE: Was denn?

PROFESSOR: Das hätte man ihr doch nie zugetraut! – Vor drei Monaten!

MATHILDE: Na, irgendwann muß es doch gewesen sein!

PROFESSOR: Natürlich – ehem – natürlich! – Was ich sagen wollte. Ja! – Glaubst du nicht – weil du von Undankbarkeit sprichst – daß sie sich – unbeschadet ihrer Dankbarkeit gegen dich – diesem – – diesem –

MATHILDE: Fritz –

PROFESSOR: Diesem Fritz hätte hingeben können? – Ehem – von einem gewissen Gefühl überwältigt –

MATHILDE: Ach, was redest du wieder! Dieses gewisse Gefühl hätte sie eben unterdrücken müssen, wenn sie zu ihrer Herrschaft hielte und mich für meine Lehren nicht verhöhnen wollte!

PROFESSOR: Natürlich – ehem – das hätte sie natürlich unterdrücken müssen! – Ja! – Sind denn die Herrschaften von dem Fritz auch – ehem – unterrichtet?

MATHILDE: Unsinn! Was hätte das wohl für einen Zweck!

PROFESSOR: Richtig! Einen Zweck hätte es wohl nicht. Wenigstens keinen praktischen mehr. Ich bin aber doch der

Ansicht, daß dem Fritz eine Rüge von seiten seiner Herrschaft gehörte! Er hätte wohl, da wir im selben Hause wohnen und – ehem – mit seiner Herrschaft Umgang pflegen, auf uns Rücksicht nehmen können! – Nun, da hat er wohl auch nicht daran gedacht – im Augenblick –

MATHILDE *kaut immer noch:* Diese undankbare Person!!

PROFESSOR: Tja! – Hör mal, Mathilde – Du weißt ja natürlich, was du tust – ehem – aber hältst du denn das für sehr gut, daß du den Vater hierherzitiert hast?

MATHILDE: Willst du es ihren Eltern vielleicht verschweigen?

PROFESSOR: Nicht doch verschweigen! – Aber es hätte doch vielleicht genügt, wenn du den Eltern davon schriftlich Mitteilung gemacht hättest.

MATHILDE: Nein! – Ich verspreche mir von der Konfrontation mit ihrem Vater sehr viel für ihre spätere Besserung.

PROFESSOR: So. Na. – Hast du den Vater wenigstens vorbereitet?

MATHILDE: Nein.

PROFESSOR: So willst du ihm das alles jetzt erst sagen?

MATHILDE: Ich??? – Ich kann ihm das doch nicht sagen!! Das mußt du doch tun.

PROFESSOR: Natürlich – ehem – natürlich muß ich das tun! – Ach du lieber Gott, ich glaube kaum, daß ich die geeignete Persönlichkeit dafür bin. Und ich glaube mich in der Annahme nicht zu täuschen, daß du uns hier eine unangenehme Suppe eingebrockt hast, indem du den Vater zu uns ins Haus riefst. Man weiß nie, wie solche Leute solche Sachen aufnehmen!

MATHILDE: Er wird dich schon nicht umbringen.

PROFESSOR: Ich erinnere mich nicht, eine derartige Befürchtung ausgesprochen zu haben. – Mit welchem Zuge wollte er denn kommen?

MATHILDE: Neun Uhr fünfundvierzig. – Ich begreife nicht, wo er bleibt!

PROFESSOR: Pst!! *Minna kommt. Spiel wie oben. Sie legt Postsachen auf den Tisch.*

MATHILDE: Wenn es jetzt klingelt, brauchen Sie nicht zu öffnen. Ich öffne selbst! *Minna ab.*

PROFESSOR: Schon die zweite Post? *Sieht die Briefsachen durch.*

MATHILDE: Dieses undankbare Geschöpf!

PROFESSOR: Da schickt mir Kollege Haberland die neueste Abhandlung über die künstliche Befruchtung. *Ohne einen Witz machen zu wollen:* Das dürfte jetzt auch für Minna von Interesse sein. – *Er nimmt einen zweiten Brief vom Tisch, kommt aber nicht dazu, ihn zu öffnen, da es klingelt.* Ach, du lieber Gott!

MATHILDE: Das wird er sein! Ich mache auf! *Ab.*

PROFESSOR *ordnet verschiedenes auf seinem Schreibtisch und behält während des Folgenden unausgesetzt den Brief in der Hand.*

MATHILDE *draußen:* Bitte, treten Sie nur ein, Herr Sack.

SACK *ebenso:* Wenn ich Ihnen nur nicht die Stube dreckig mache, Frau Professor! Minna könnte mir vielleicht erscht die Stiebeln e bißchen abwischen?

MATHILDE: Das ist ja nicht nötig, treten Sie nur ein, Herr Sack!

SACK *im Eintreten:* Ich bin so freundlich! *Verbeugt sich vor dem Professor. Er ist ein Hüne mit einem feuerroten Gesicht.*

MATHILDE: Das ist mein Mann – und das ist Herr Martin Sack aus Kötzschenbroda.

PROFESSOR: Freut mich sehr, Sie kennenzulernen, Herr – ehem – Sack! Ich habe schon viel von Ihnen gehört. –

SACK *verlegen:* So??

PROFESSOR: Das heißt – ehem – na, ja! – zum Beispiel, daß Sie der Vater von unserer Minna sind! –

SACK: Eijawohl, das stimmt!

PROFESSOR: Bitte nehmen Sie doch Platz, Herr – e –

SACK: Ich bin so freundlich. *Setzt sich.*

MATHILDE: Ich werde Sie jetzt mit meinem Manne allein lassen, Herr Sack. Mein Mann hat Ihnen etwas zu sagen.

PROFESSOR, *der es nicht so eilig hat:* Möchtest du nicht noch einen Augenblick – e – Herr Sack wird doch vielleicht Hunger haben.

SACK: Nein, nein, ich danke schön. Bitte, machen Sie sich meinetwegen gar keine anderen Umstände.
MATHILDE: Ich mache Ihnen aber gern etwas zurecht, Herr Sack!
SACK: Nein, ich danke gütigst. Sie sind sehr zuvorkommend, Frau Professor, aber ich habe eben erscht meine Bemme eingenommen.
MATHILDE: Na – wie Sie wollen! Also bis nachher! *Im Abgehen zum Professor, der sich mit den Zigarren beschäftigt:*
Bring es ihm recht geschickt bei – und schonend!
PROFESSOR *etwas ärgerlich:* Das versteht sich doch von selbst! *Mathilde ab.* Sie haben uns aber kein gutes Wetter mitgebracht. Herr – e –
SACK: Nee, es rägnet! – Meine Gattin sagt auch, so e Sauwetter sei ihr noch gar nicht vorgekommen!
PROFESSOR: Aber eine Zigarre werden Sie doch nicht ausschlagen, Herr – e –
SACK: Da wäre ich nicht abgeneigt, Herr Professor. – Ich bin so freundlich! *Nimmt sich eine.*
PROFESSOR *will ihm Feuer geben.*
SACK: Bitte, nach Ihnen, Herr Professor!
PROFESSOR: Aber nehmen Sie doch!
SACK *beißt rasch die Zigarre ab und bedient sich:* Jetzt hätten Sie sich beinahe die Finger verbrannt, Herr Professor!
PROFESSOR *setzt sich wieder:* Ehem – nun – e – wie geht es denn bei Ihnen zu Hause?
SACK: Danke gütigst! – Meine Frau Gemahlin leidet bei solchem Wetter immer so e bißchen am Hexenschuß. Aber sonst geht's recht gut! Ich habe mir noch e Schwein gekooft!
PROFESSOR: So, so –
SACK: Ja, – nun sind wir viere!
PROFESSOR: Richtig –
SACK: Eens war doch eingegangen und eens hatte ich verkooft an Thomassens Emil –
PROFESSOR: Richtig –

SACK: Ja. Das war krank. Da habe ich's eben verkooft!
*Will sich totlachen.*
PROFESSOR: Natürlich!
SACK: Freilich –
PROFESSOR: Was ich nun sagen wollte, mein lieber Herr – ehem – mein lieber Herr Beutel –
SACK: Sack!
PROFESSOR: Sack! - Natürlich! – ehem – mein lieber Herr Sack! Sie werden sich wohl sehr gewundert haben, daß wir Sie so plötzlich hierher gebeten haben –
SACK: Gewundert? Ach nee! Es kam mir ganz gelegen! Meine Frau hatte mich schon lange gedrängelt, daß ich mich mal umsehn sollte, was Minna macht. Die hängt ja so an dem Mädchen, meine Gattin!
PROFESSOR: So!
SACK: Ja, was meinen Sie wohl, Herr Professor!! Die hätte die Minna ooch nie in die Stadt gelassen, wenn's nich grade zur Frau Professor gewesen wäre, die ja persönlich so gütig war, bei uns gewesen zu sein und mit meiner Frau Gemahlin zu sprechen.
PROFESSOR: Ja, ja.
SACK: Ja! ja! – Das Mädchen ist unser Stolz!!
PROFESSOR: Allmächtiger!
SACK: Meine Frau sagt immer: Wenn die Minna mal nicht mehr bei Professors sein kann, wo die gute Frau Professor so auf sie aufpaßt, dann muß sie wieder zu uns kommen. In der Stadt laß ich sie dann auf keinen Fall! – Sie müssen nämlich wissen, Herr Professor, meine Frau war selber früher in der Stadt. Die kennt also die Gefahren der Großstadt aus eigener Erfahrung ganz genau!
PROFESSOR: So!
SACK: Ja freilich!! – – Wir sind nur einfache Leute, Herr Professor, aber auf unser ehrliches Fleisch und Blut lassen wir nichts kommen! *Drohend:* Da sind wir komisch!!

PROFESSOR: Ja – ehem – natürlich! – Einen Augenblick, bitte. – Mathilde! *Geht zur Tür links:* Möchtest du nicht mal einen Augenblick – *Zu Sack:* Entschuldigen Sie einen Moment! *Geht ab.*

SACK: Bitte sehr – meinerseits – – *Er bleibt eine kurze Zeit allein. Dann kommt der Professor zurück. Beim Aufgehen der Tür hört man noch, wie die Frau Professor sagt:* „Du bist aber auch zu ungeschickt."

SACK *steht auf.*

PROFESSOR: Aber bitte, bleiben Sie doch sitzen, Herr – e –

SACK *setzt sich wieder.*

PROFESSOR *ebenfalls:* Tja, was ich noch sagen wollte – rauchen Sie vielleicht noch eine Zigarre?

SACK: Ich danke gütigst! – Ich bin ja noch bei der ersten!

PROFESSOR: Dann stecken Sie sich vielleicht noch eine ein!

SACK: Wenn Sie denn so sehre nötigen, Herr Professor. – *Steckt sich eine ein.*

PROFESSOR *beginnt im Zimmer auf und ab zu gehen:* Tja – ich war da neulich – ehem – im Kinematographentheater. Und da habe ich einen Film gesehen, der davon handelte, wie ein Vater, der sehr an seinem Töchterchen hängt, diese nach längerer Zeit wiederfindet, gerade nachdem sie sich – ehem – nachdem sie sich – –. Trinken Sie vielleicht eine Flasche Bier, Herr – e –?

SACK: Nein, ich danke gütigst.

PROFESSOR: Also ehem – wiederfindet, nachdem sie sich – in einer unglücklichen Stunde – ehem – vergessen hat. – Verstehen Sie?

SACK: Nee, Herr Professor.

PROFESSOR: Sich – ehem – vergessen hat. Sich einem Mann – ehem – hingegeben hat! –

SACK: Gucke da! So e Luderchen! *Will sich totlachen,*

PROFESSOR *mit aufkeimender Hoffnung:* Ja! Ich finde das offen gestanden auch gar nicht so – so fürchterlich tragisch. Mein Gott!

SACK: Na, schön war's nich, Herr Professor!
PROFESSOR: Schön war's nicht von ihr, nein. Aber nun sich so aufzuführen wie der Vater in dem Film –!
SACK: Na, das sagen Sie ooch nich, Herr Professor! Ich muß sagen, wenn's meiner passierte, ich gloobe, ich brächte sie um!
PROFESSOR *erschrickt heftig:* Ehem – einen Augenblick bitte –! *Spiel wie oben. Er geht wieder zu Mathilde ins Nebenzimmer. Wie er wieder zurückkommt, hört man wieder einige mißbilligende Worte Mathildens.*
Ehem – Sie sprachen da eben ein hartes Wort. Das dürfte doch wohl nicht Ihr Ernst gewesen sein!
SACK: Mein Ehrenwort, Herr Professor, ich brächte sie um!
PROFESSOR: Na – na – na –
SACK: Allerdings, Herr Professor, sind meistens die Väter selber daran schuld! Es kommt immer auf die Erziehung an!
PROFESSOR: Na – na.
SACK: Verlassen Sie sich druff, Herr Professor!
PROFESSOR: Nun – nun – in dem Film hatte der Vater das Töchterchen auch im besten Sinne erzogen, und doch –
SACK: Na, dann verdient sie ooch keen Mitleid!
PROFESSOR: Aber hören Sie doch, mein lieber Herr – e –
Sack! So'n junges Blut! Und sehen Sie mal, *stößt ihn an,* wir beide sind ja auch mal jung gewesen! Und wir wissen ja, was für Verführungskünste wir ins Treffen führen konnten, mein lieber Herr – e – Sack, um auch ein sehr gut erzogenes Mädchen aus dem Gleichgewicht zu bringen!! *Er stößt ihn vertraulich an.*
SACK: He, he! Da mögen Sie ooch wieder recht haben, Herr Professor!
PROFESSOR: Dieser Film lehrt uns auch anderseits, daß man nicht sein ganzes Glück an eine Sache hängen soll. Haben Sie denn noch mehr Kinder?
SACK: Ich??
PROFESSOR: Ach so – ehem – mein Liebster, Bester, nun hören Sie mich mal ganz ruhig an! – Ich habe Ihnen – ehem – ehem

– – diese Geschichte nicht umsonst erzählt – – ehem – ehem. – Ich habe die traurige Pflicht, Ihnen mitzuteilen –

SACK *ist aufgestanden, heiser und leise:* Herr Professor! –

PROFESSOR: Naa, naa, naa! – ehem – ehem –

Er klopft ihn in der Verlegenheit auf die Wangen, und da er nichts weiter anzufangen weiß, geht er ein Stück weg.

SACK *wie oben:* Herr Professor! –

PROFESSOR: Mein Liebster – Bester!

SACK *wie oben:* Minna??

PROFESSOR: Aber beruhigen Sie sich doch! –

SACK *brüllt:* Minna??? M!!! *Er schlägt mit der Faust auf den* Tisch.

PROFESSOR *ist in einen Sessel gefallen.*

MATHILDE *mit einem Schrei von links:* Um Himmels willen!!?

SACK *schreit:* Frau Professor, ist das wahr???

MATHILDE *ringt die Hände:* Was denn?

SACK: Mi – Mi – Minna???!!!

MATHILDE *wie oben:* Lieber Herr Sack!!!

SACK *schreit:* Mein ehrliches Fleisch und Blut! Mein ehrliches Fleisch und Blut hat sie vergiftet!

PROFESSOR: Aber beruhigen Sie sich doch!

SACK *wütend:* Unser ehrliches Fleisch und Blut!!! Wo steckt denn das Weibsbild??? Wo steckt sie denn?? Hier uff der Stelle versohle ich sie, daß sie drei Tage nicht loofen kann!

PROFESSOR, MATHILDE: Aber Herr Sack!

SACK: Hier uff der Stelle!! Hier vorm Herrn Professor!! So was haben Sie noch nicht gesähn, Herr Professor!!

PROFESSOR, MATHILDE: Aber Herr Sack!!

SACK: Hier uff der Stelle!! Wo steckt sie denn?? Minna!

Will zur Tür rechts ab.

PROFESSOR, MATHILDE *ihm nach:* Aber Herr Sack!

PROFESSOR: So hören Sie doch!! – Ich dulde es unter keinen Umständen, daß Sie in diesem Zustande mit Ihrem Kinde reden!

SACK: Schöner Zustand!!!

PROFESSOR: Ich meine doch Ihren Zustand! – Sie sollten sich erst beruhigen!
MATHILDE: Fassen Sie sich doch, Herr Sack! *Sie führen ihn wieder mehr ins Zimmer.*
SACK *etwas ruhiger:* Freilich, freilich, Frau Professor! Ich fasse mich ja schon! – Wer ist es denn gewäsen?
MATHILDE: Ein Diener hier im Hause. – Ein gewisser Fritz.
SACK: Fritz heeßt er? – Dem schlag ich die Knochen entzwee!
PROFESSOR: Natürlich – natürlich! Aber jetzt beruhigen Sie sich nur! Kommen Sie, setzen Sie sich noch einen Augenblick. *Schiebt ihm einen Stuhl hin.*
SACK: Dem schlage ich alle Knochen im Leibe kaputt!
*Setzt sich.*
PROFESSOR: Gewiß – gewiß! Aber Ihr Kind werden Sie nicht – schlagen – nicht wahr, das versprechen Sie mir?
SACK: Nu – –
PROFESSOR: Denken Sie daran, was ich Ihnen vorhin gesagt habe, unter welchen Umständen oft so ein junges Mädchen die Besinnung verliert!
SACK, *der allmählich ruhiger wird*: Freilich – freilich –
PROFESSOR: Und sie ist doch noch ein halbes Kind!
SACK: Sie ist freilich eben erst sechzehn –!
PROFESSOR: Na, sehn Sie!
SACK: Wer weeß, wie der Kerl es angestellt hat!!
PROFESSOR: Na eben. – Und es ist doch Ihr Kind!
MATHILDE: Es ist doch Ihr Fleisch und Blut!
SACK *brüllt los:* Mein ehrliches Fleisch und Blut hat sie *vergiftet!!*
PROFESSOR *zu seiner Frau:* Mußt du auch davon wieder anfangen!! – *Zu Sack:* Aber mein lieber Herr Sack! – Nun seien Sie mal vernünftig! – Meine Frau wird jetzt Ihr Kind holen und dann werden Sich sich recht zusammennehmen, nicht wahr?
SACK: Ich werde versuchen, meinem Vaterherzen zu gebieten.
PROFESSOR: Ja, darum möchte ich Sie recht dringend ersuchen. – Geh jetzt, Mathilde. – *Mathilde ab.*

PROFESSOR: Soo, mein Bester, nun trinken Sie mal einen Schnaps. Das wird Ihnen gut tun. Sie sehen ja ganz blaß aus!

SACK: Das passiert einem ja nicht alle Tage, Herr Professor. *Er nimmt den Schnaps.*

PROFESSOR: Nein, Gott sei Dank, nicht.

*MATHILDE führt Minna herein:* Nun komm nur. Dein Vater wird dir nichts tun.

MINNA *hat die Schürze vor dem Gesicht. Sie stellt sich in eine Ecke und schluchzt.*

SACK: Minna!!! – Wagst denn du es überhaupt noch, deinem gramerfüllten Vater vorsch Gesichte zu treten?? –

MINNA *schluchzt lauter.*

SACK: Du!!!

PROFESSOR: Um Gottes willen, lieber – –

SACK: Nimm die Hände runter, wenn dein Vater zu dir spricht. Unser ehrliches Fleisch und Blut hast du vergiftet! *Bei „vergiftet" bekommt sie eine schallende Ohrfeige.* Deines Vaters und deiner Mutter ehrliches Fleisch und Blut! *Bei „Blut" wieder eine.*

MINNA *flüchtet schreiend in eine Ecke.*

SACK *will ihr nach.*

PROFESSOR *vertritt ihm den Weg*: Ich bitte Sie, Liebster, Bester –

SACK *droht ihr über den Professor hinweg:* Das kann ich dir sagen: Wenn nicht der Herr Professor so sehr für dich gebeten hätte, dann könntest du aber was erleben. *Weinend:* Du Dürne, du!! – Unser ehrliches Fleisch und Blut!! *Zum Professor:* Warsch gut so? *Sie weinen alle vier.*

SACK: Hier trittst du her!! Sieh deinem Vater ins Gesicht!

MINNA: Ich kann dir nicht ins Gesichte sähn, Vater!

MATHILDE: Schrecklich! – –

SACK *etwas milder:* Warum hast du nicht auf die gute Frau Professor gehört? – Wie ist das eigentlich gekommen? – Erzähle, wie das gekommen ist! – Na wird's.

MINNA *schluchzend:* Der Fritz ist mir schon immer so dumm gekommen – *Schluchzt heftiger.* Aber wie er mir das eenemal gekommen ist – *in den höchsten Schluchztönen* – so ist er mir noch nie gekommen! *Heult.*

SACK: Und du hast ihn nicht von dir gestoßen wie eine brave Bürgerstochter? Du hast dich nicht zur Wehr gesetzt?

PROFESSOR: Wo hat sich denn das eigentlich – ehem – zugetragen?

SACK: Hast du gehört? – Wo das gewäsen ist, wollen wir wissen! –

MINNA: Wenn ich Bier holte, ist er mir immer nachgestiegen. –

SACK: Immer????

MINNA *fährt zusammen.*

SACK: Immer!!?? Herr Professor, halten Sie mich feste; sonst bringe ich das Weibsbild um!! – *Mathilde hält ihn am Arm fest.* Und wie oft holst du denn Bier, he – he –?

PROFESSOR *ihn am anderen Arm haltend:* Aber regen Sie sich doch nicht so auf, Herr Sack! – Bier holt sie wohl jeden Abend.

SACK: Jeden – –!!

MINNA: Alle Abende warsch nicht!!

SACK: Sooo!! Alle Abende nicht!!?! *Brüllt:* Aber wohl eenen Abend um den andern, was????? *Versucht sich loszureißen, was ihm nicht gelingt.* Du!!!!! *Herr und Frau Professor werden heftig geschleudert.*

PROFESSOR *außer Atem:* Fassen Sie sich, mein Lieber!

SACK: Und hier den Herrn Professor hast du derweilen durschten lassen! Weeßt du denn nicht, daß der Mann Durscht hat, wenn er von der Arbeit kommt??

PROFESSOR: Aber lassen Sie doch!!

SACK: He? Du!!!?

PROFESSOR: Aber das ist ja nicht so schlimm! Wir haben uns nur manchmal geängstigt, wenn sie so lange ausblieb.

SACK: Hast du es gehört? Geängstigt haben sich die Leute um dich!! Und du gibst dich derweilen mit dem Kerle ab??? Pfui! Pfui! *Spuckt.*

PROFESSOR *ihn noch immer festhaltend:* Nein, das geht zu weit! Das müssen Sie zurücknehmen!

SACK: Ich nähm's nicht zurück!! – Hast du's gesähn? Dein Vater hat vor dir ausgespuckt! – Dein eigener Vater! Der dich erzeugt hat noch dazu! Der dich – der dich –
PROFESSOR: Aber beruhigen Sie sich doch!
SACK: Der dich beruhigt hat – der dich gehegt hat, wollte ich sagen – und gepflegt hat – von Mutterbeinen an!!
PROFESSOR, MATHILDE *halten Sack während der ganzen Zeit von hinten fest.*
PROFESSOR *zu seiner Frau:* Da hast du etwas Schönes angerichtet!
SACK *schreit:* Geh aus meinen Vateraugen!!!
MINNA *fällt in Ohnmacht.*
MATHILDE: Um Himmels willen! *Eilt, sie aufzufangen.*
PROFESSOR: Sehen Sie, das haben Sie davon!
SACK: Was ist denn? – Was ist denn? – –
PROFESSOR: Sie ist in Ohnmacht gefallen!
MATHILDE, *die sich um Minna bemüht:* Ein Glas Wasser !
PROFESSOR *ab.*
SACK: Um Gottes willen – mein armes Kind – *Will sich zu ihr beugen.*
MATHILDE: Lassen Sie nur – lassen Sie nur. Es ist nicht so schlimm. Sie fällt jetzt öfters in Ohnmacht.
PROFESSOR: Hier ist Wasser! *Gibt es Mathilde. Zu Sack:* Nun kommen Sie mal, mein Lieber. Meine Frau wird Ihr Kind schon wieder zur Besinnung bringen. Ich habe Ihnen noch etwas zu sagen –!
SACK *ängstlich:* Es wird doch nichts –
PROFESSOR: Nein, nein, es ist nichts Gefährliches.
MATHILDE: Sie atmet schon wieder.
PROFESSOR: Na also!
SACK: Dunnerlittchen – ich gloobe, ich habe mir die Zigarren ganz zerdrückt!
PROFESSOR: Aber nehmen Sie sich doch, soviel Sie wollen –
SACK: So warsch nicht gemeint, Herr Professor. – Na, ich nähme mir noch e paar!

PROFESSOR: Bitte. – Sie sehen, was Sie angerichtet haben. Ich sage Ihnen, wenn Sie so fortfahren, mit Ihrem armen Kinde umzuspringen, dann wird's Ihnen so gehen wie dem Vater in dem Film!

SACK *ängstlich:* Wie denn?

PROFESSOR: Sein Kind hat sich aus Furcht und Gram ein Leid angetan!

SACK: Ach, – nicht doch!

PROFESSOR: Jawohl!

SACK: Ich werde ihr ooch nichts mehr sagen!

PROFESSOR: Sagen Sie ihr noch ein paar freundliche Worte, und gehen Sie dann, damit sie sich erst mal beruhigt.

MATHILDE *zu Minna, die wieder zu sich gekommen ist:* So, nun setz dich mal hierher.

SACK *sanft:* Na, mein Kind, biste wieder zu dir gekommen?

MINNA *schluchzend:* Ja, Vater.

SACK: Du hast mir e großen Schmerz zugefügt. Der Himmel möge es dir verzeihen. Ich will dir's ooch noch e mal verzeihen!

MINNA: Ach ja, Vater!

SACK: Eigentlich sollt ich dir die Hand nich gäm! Aber ich will sie dir noch e mal gäm! *Tut's.*

MINNA: Ach ja, Vater!

SACK : Na – –! Nu will ich mal sähn, wie ich der Mutter das beibringe, was? Damit sie sich nicht so sehre aufregt, was?

MINNA: Ach ja, Vater!

SACK: Mal sähn, wie ich ihr das beibringe, was?

MINNA: Ja! – Was willste denn der Mutter beibringen?

SACK: Was ich der Mutter beibringen will? Daß du e Kind kriegst!

MINNA: Wer?

SACK : Du!

MINNA : Ich?

SACK : Ja!

MINNA: Nee! *Verblüffung.*

SACK: Was heeßt nee?

MINNA *unschuldig:* Ich krieg doch keen Kind, Vater?

SACK: Na, was denn sonst?

MINNA: Das weeß ich nich!

SACK: Nu sagen Se, Herr Professor, ist Ihnen schon emal so e dummes Frauenzimmer vorgekommen? Ganz de Mama.

MINNA: Aber, Vater, ich krieg doch keen Kind!

SACK: Das wirst du schon sähn! Wart's nur ab!

MINNA: Ich krieg doch keen Kind, Vater!

SACK: Minna, wenn de das jetzt noch emal sagst, kläbe ich dir eene!

MATHILDE: Hast du mir nicht gestanden, daß du mit dem Fritz zusammen warst?

MINNA: Freilich war ich mit ihm zusammen!

PROFESSOR: Hör mal, Kind: zusammen warst! Wir meinen nicht, ob du mit Fritz nur so zusammen warst, wie wir hier beispielsweise zusammen sind, sondern – noch anders?

MINNA: Andersch! – Nee, andersch nich! *Verblüffung.*

MATHILDE: Du gestehst aber doch selbst zu, daß er dir – wie du sagst – „dumm gekommen" ist und du die Besinnung verloren hast!

MINNA : Nu ja – weil mer doch jetzt immer so schwindlig wird – *Verblüffung.*

PROFESSOR: Ach, dir ist schwindlig geworden –??!

MINNA: Freilich, da hat er mich gehalten, daß ich nicht umfalle, und dabei ist er mir eben dumm gekommen und hat mer e Kuß gegäbn!

SACK: Na und? – Weiter?

MINNA: Weiter nischt!

MATHILDE *außer sich:* Er hat dir einen Kuß gegeben und weiter nichts?!

MINNA: Nee, weiter nischt.

PROFESSOR *indigniert zu seiner Frau:* Das ist ja eine schöne Enttäuschung.

SACK: So e dummes Luder! *Minna anfahrend:* Dich meen ich, nich den Fritz! – Warum sagste denn das nich gleich?

MINNA: Ich weiß doch gar nicht, was ihr von mir wollt!

MATHILDE: Aber warum wird dir denn nun immer schwindlig?

SACK: Hastes gehört? Warum du egal in Ohnmacht fällst, wollen wer wissen!

MINNA: Das weeß ich doch nich. Das wollte doch der Sanitätsrat der Frau Professor schreiben!

PROFESSOR: Ja, zum Donnerwetter, warum schreibt der Mann denn nicht?! *Er schlägt mit der Hand und dem Brief auf den Tisch.*

MATHILDE: Was ist das eigentlich für ein Brief, mit dem du schon den ganzen Morgen herumfuchtelst?

PROFESSOR *sieht auf den Brief in seiner Hand:* Wie? – Der? – Ich weiß nicht! – Der ist wohl vorhin mit der zweiten Post gekommen. – Möglich!

MATHILDE: Na, sicher ist er mit der zweiten Post gekommen!

PROFESSOR: Möglich, sag ich! Vielleicht ist er mit der zweiten Post gekommen – vielleicht ist er nicht mit der zweiten Post gekommen – ich weiß nicht, ob er mit der zweiten Post gekommen ist!

MATHILDE: Nun mach ihn schon auf!

PROFESSOR: Ich bin schon dabei. *Er öffnet und liest vor.*

„Sehr geehrter Herr Professor!

Ihre Minna leidet an hochgradiger Nervosität und Bleichsucht. Neben Verwendung beiliegend verschriebener Eisenpräparate ist ihr vor allen Dingen jede Aufregung fernzuhalten."

Na, das ist ja eine schöne Enttäuschung! *Tiefe, abgrundtiefe* Pause.

PROFESSOR *räuspert sich, geht hinter einen Stuhl und hält folgende Rede:* Hochverehrtes Publikum, werter Herr Sack, liebe Minna, und auch du – Mathilde! Der vorliegende Fall hat uns wieder einmal so recht gezeigt, wie gern wir Menschen im allgemeinen – und du im besonderen, Mathilde – wie gern wir Menschen im allgemeinen, sage ich, bereit sind, von unseren Mitmenschen gleich das Schlechteste zu denken. Meine gute Minna! Ich stehe nicht an zu erklären, daß du in moralischer Beziehung hoch über deinen Anklägern stehst. – Sehr hoch. – Ich stehe nicht an zu erklären, daß du turmhoch über uns allen stehst – *er macht eine Bewegung, die versehentlich das Publikum mit einschließt* – die wir dich in einem falschen Verdacht gehabt haben. Verzeihe uns, gutes Mädchen! Und verzeihen auch Sie uns, werter Herr Sack, daß wir Sie vergeblich hierher bemüht haben – und verzeihe auch du uns, hochverehrtes Publikum!

VORHANG

*Freunde und Bewunderer der Goetzschen Theaterkunst staunten nicht wenig, als kurz nach dem Zweiten Weltkrieg unerwartet sein satirischer Roman „Die Tote von Beverly Hills"(1951) und die Erzählung „Tatjana"(1946) erschienen, beide während des Amerika-Aufenthalts entstanden. Curt Goetz stellte sich als Prosa-Schriftsteller vor – genau so geistreich, dramaturgisch brillant, wie man ihn aus seinen Komödien kannte. Um einen Eindruck dieser Prosa in Erinnerung zu rufen (oder neu wecken), soll der Schlußteil der Tatjana-Erzählung hier folgen.*
*Die Handlung bewegt sich, seine eigenen Lebensstationen spiegelnd, zwischen der Ostsee, Berlin und Amerika.*
*Zwei Ich-Erzähler bewegen den kunstvollen Aufbau. Der eine ist der Amerika-Bürger Curt Goetz. Der andere, den er trifft und der ihm in Ich-Form sein Leben erzählt, wird als russischer Arzt (Dr. Boris Michailowitch Leventieff) schrittweise vorgestellt. Der Arzt besucht die Urnengrabstätte seiner ungewöhnlichen Frau, einer hochbegabten russischen Cellistin, die sein bisheriges bürgerliches Leben umgeworfen hatte. Als er sie das erste Mal spielen hörte (und sah), begann eine Art von Hörigkeit, die ihn zum liebenden Erfüllungsgehilfen umwandelte. Dieser Kindfrau Tatjana wegen verließ er Frau und Töchter, seine berufliche Existenz, ja sogar Europa. Denn in Amerika, könne man eine Dreizehnjährige heiraten, so das Ziel. Dort angelangt, trennte sie der Tod.*
*Das hier abgedruckte „Finale" beginnt mit dem Eingeständnis seiner Verlorenheit an diese Frau. (Übrigens: „Tatjana" erschien deutlich vor Nabokovs „Lolita".)*

Aus:
# TATJANA – EINE LEGENDE

15)
Ich kam nach Hause in einer ziemlich verwahrlosten geistigen Verfassung. Ich stellte mich vor den Spiegel und gab der verdächtigen Physiognomie, die mir entgegenstarrte, alle Schimpfnamen, die mir einfielen: Du bist ein seniler Trottel, der auf kleine Mädchen fliegt. Du bist ein Lump, der das Vertrauen einer Mutter mißbraucht. Du bist ein Schwein, das seine Frau betrügt. Du bist ein Nichtswürdiger, der nicht verdient, daß er selbst Töchter hat. Wie würde es dir gefallen, wenn jemand deinen Töchtern nachstellte??

Stellte ich jemandem nach? Hatte ich bis jetzt irgend etwas getan, worüber ich mir Vorwürfe machen mußte? Nein, bis *jetzt* nicht! Ich atmete auf. Bis jetzt nicht! Wenn jemand nachstellte, so war es Tatjana. Und vielleicht bildete ich mir das auch nur ein. Vielleicht war es nur harmlose kindliche Dankbarkeit. Nun versuchen Sie nicht, albern zu werden, sagte mein Spiegelbild. Kindlich? Wenn Sie sich erinnern wollen, wofür sie Ihnen dankbar zu sein hätte, werden Sie sich erinnern, daß sie kein Kind mehr ist. Harmlos? Lassen wir alle Sentimentalitäten beiseite, lieber Herr, jede Geste, jeder Blick, jedes Lächeln ist für jeden, der nicht erotisch verkümmert ist, eine Herausforderung. So, das mußte einmal ausgesprochen werden! Es hat keinen Zweck, um den heißen Brei herumzugehen, Sie Trottel, sagte mein Spiegelbild. Sie haben recht, sagte ich, einer Gefahr kann man leichter begegnen, wenn man sie erkannt hat. Gratuliere, sagte mein Spiegelbild, und ich bin neugierig, wie Sie ihr begegnen werden!

Ja, ich werde! Es wäre ja lächerlich, mich von diesem Fratz einlullen zu lassen! Fratz? Beim großen Zeus, wenn sie am Cello saß, war sie keiner! Und wenn sie nicht am Cello saß –

auch nicht. Ich fühlte, wie ich ihr wieder verfiel, gerade als ich ihr zu entrinnen suchte.
Ich setzte mich vor das Bild meiner Frau und meiner Töchter, um mir Kraft zu holen. Merkwürdig, wie sie mich im Stiche ließen! Sie schienen mir fremd. Wie aus einem früheren Leben. Ich schlief wenig diese Nacht. Die wenigen Schlaffetzen waren mit unruhigen Träumen durchsetzt.
Und es war eigentlich immer derselbe Traum in verschiedenen Varianten: Tatjana kam, plauderte allerliebst mit meiner Frau und meinen beiden Töchtern, dann wandte sie sich zu mir und sagte: „Was hast da für eine reizende Frau, Boris Michailowitch, und was hast du für reizende Töchter." Und dann nahm sie mich an der Hand und sagte: „Nun komm aber!" – Um drei Uhr nachts machte ich diesem Zustand ein Ende, indem ich aufstand, eine Dusche nahm und mich zu einer wissenschaftlichen Arbeit an den Schreibtisch setzte.
Das gab mir mein Gleichgewicht zurück. Als ich drei Stunden später mich wieder schlafen legte, war ich der Alte. Ich konnte mich nur wundem, welch seltsame Versuchungen für alte Knaben im Universum auf der Lauer lagen. – Nun, diese war abgeschlagen! Haha! Ich wußte damals noch nicht, daß es etwas Gefährlicheres gab, als sich in den aufkeimenden Leib dieser Halbwüchsigen zu verlieben. Das war, sich in ihre junge Sinnlichkeit zu verlieben. Und über diese Sinnlichkeit in ihre Kunst, und über ihre Kunst in ihre Seele, in die heiteren Gefilde ihres Gemütes. In ihren Humor. In diese schreckliche Mischung von Unschuld und Raffinement. Kurz: in Tatjana. Wie gesagt, ich wußte das damals noch nicht. Und ich war zu einem Entschluß gekommen, der mir meine Ruhe zurückgab. Um jeder Versuchung aus dem Wege zu gehen, hatte ich beschlossen, früher, als ursprünglich geplant, zu meiner Familie nach Berlin zurückzukehren. Morgen Abend schon. Oder vielmehr heute Abend noch. Denn es war neun Uhr früh, als ich diesen Entschluß faßte.

Das einzige, was ich zu packen hatte, waren meine wissenschaftlichen Sachen und ein paar Kleinigkeiten. Ich setzte ein Telegramm auf an meine Frau. Um elf Uhr telephonierte ich mit Alexandra, daß mich ein dringender Fall nach Berlin riefe und daß ich um vier Uhr meine Aufwartung machen würde, um mich von ihr und Tatjana zu verabschieden.

Dann vollendete ich meine Packerei und ignorierte die Tatsache, daß mein Herz schwerer und schwerer wurde. Es mag gegen zwölf Uhr gewesen sein, als es an der Flurtür läutete. Es war ein sehr kurzes Läuten. Wie aus Versehen. Einen Augenblick glaubte ich, mein Herz stünde still. – Ich öffnete. Es war Tatjana.

Sie war sehr blaß. Ihre Augen hatten einen seltsamen Glanz. Das war kein Kind, das da stand. Das war ein junges Weib, das gekommen war, für sein Glück zu kämpfen.

Sie war plötzlich so erwachsen, wie sie es war, wenn sie am Cello saß.

„Du fährst fort, Boris Michailowitch?", fragte sie. „Tritt näher, Tatjana", sagte ich so ruhig wie möglich. Ich zog die Flurtür hinter ihr zu und nahm ihr das Mäntelchen ab. Ich kannte dieses Mäntelchen. Beim Abnehmen sah ich, daß sie zitterte. Wir gingen in mein Arbeitszimmer. Ich setzte mich hinter meinen Schreibtisch, wie um Schutz zu suchen.

„Nimm Platz, Tatjana."

Ich deutete auf einen Sessel.

Sie kam der Aufforderung nicht nach. Schräg zu meiner Rechten, zwischen mir und dem Schreibtisch stehend, lehnte sie sich an diesen, halb sitzend, ein Bein heraufgezogen, den Fuß des anderen am Boden lassend.

„Warum fährst du fort?"

Ich log ihr irgend etwas vor, warum ich nach Berlin müsse. Und beim Lügen fühlte ich, daß sie fühlte, daß ich log.

Sie ließ mich ausreden.

Dann sagte sie:

„Ich bin gekommen, mich zu bedanken. – Für das, was du für mich getan hast. – Wünsche dir etwas."
„Was soll ich mir wünschen?"
„Was du am liebsten möchtest."
„Du weißt, daß ich das nicht darf. Es wäre ein Verbrechen."
„Du hast gesagt, du würdest jedes Verbrechen für mich begehen."
„Für dich, ja. Nicht für mich."
„Es *ist* für mich."
Sie sagte das sehr einfach. Aber ihre Pupillen blickten starr, wie die einer Blinden.
„Oh", sagte sie plötzlich, mit einem Ausdruck fast mütterlichen Mitleides. Und sie deutete auf meine Hand, die auf der Armlehne ruhte.
„Wie du zitterst ...", flüsterte sie.
Und neugierig und mitleidig, mit unendlicher Zärtlichkeit studierte sie mein Gesicht. Und die Andeutung eines Lächelns entstand.
„Du liebst mich nämlich", sagte sie.
Und sie streichelte mein Haar.
Wie schwer die kleine Hand auf meinem Scheitel ruhte.
Ein schmaler Streifen Fleisch – zwischen Kleidersaum und Strumpf – blendete mich.
Ihre Fingerspitzen berührten meinen Nacken.
Da fiel mein Haupt in ihren Schoß. Wie der Schädel eines Enthaupteten in den Korb.

16)

Als ich – ich weiß nicht, wie viele Stunden später – aus einem purpurnen Wahnsinn erwachte, hatte sich die Welt verändert. Ich wußte, daß ich bis jetzt nicht gelebt hatte, und wußte, daß ich ohne Tatjana nicht weiterleben konnte noch wollte. Frisch unter dem Erlebnis schrieb ich an meine Frau, erzählte ihr alles, bat sie, mich zu vergessen. Ich bat sie, unser Haus und zwei Drittel meines Vermögens anzunehmen und in eine Scheidung zu willigen.

Ich hielt meine Verabredung mit Alexandra für vier Uhr nachmittags ein. Nur daß ich ihr nicht adieu sagte, sondern um Tatjanas Hand anhielt. „Tatjana", sagte Alexandra, „hat bereits bei mir um Ihre Hand angehalten."

„Sie hat bereits ...?"

„Ja. Heute morgen, als Sie telephonierten, daß Sie abreisen müßten, fragte sie mich, ob ich etwas dagegen hätte, wenn sie Sie heiraten würde. Ich sagte ihr, daß es mir wenig nützen würde, etwas dagegen zu haben, gab aber der Hoffnung Ausdruck, daß Sie Manns genug sein würden, ihr den Popo vollzuhauen. – Wenn mir jemand leid tut, so sind Sie es, Boris Michailowitch. Nicht wegen des Altersunterschiedes. Der wird sich erst in zehn Jahren bemerkbar machen. Und wer kann mehr als zehn Jahre Glück vertragen? Aber hüten Sie sich: Wenn ich von mir auf Tatjana schließen kann, so wird sie Ihnen treu sein, solange Sie sie lieben. Am ersten Tage, wo das aufhört, wird sie Sie betrügen. Sie will geben, glücklich machen und bemuttern. Und wenn sie das nicht mehr mit Ihnen tun kann, so wird sie sich einen andern suchen, den sie beschenken kann, den sie glücklich machen kann und den sie bemuttern kann."

„Ich hoffe, sie wird mich vorher umbringen."

„Das liegt absolut im Bereiche der Möglichkeit", sagte Alexandra schlicht.

„Das beruhigt mich."

„Und während der zehn Jahre, die ihr glücklich seid", beendete Alexandra, „wird sie Sie quälen. – Empfangen Sie meine herzlichen Glückwünsche."

17)

Da es Schwierigkeiten machen würde, in Deutschland eine Dreizehnjährige zu heiraten, hatten wir beschlossen, eine

Konzerttournee durch die Vereinigten Staaten zu unternehmen, die ich finanzieren würde, und bei dieser Gelegenheit in Amerika zu heiraten.

Ich buchte für die „Ile de France" für ein Datum, das uns Zeit ließ, ihren europäischen Verpflichtungen nachzukommen.

Ich kann Ihnen nicht viel erzählen von den Städten, die wir berührten auf Tatjanas Triumphzug. Erinnerungsfetzen sind mir geblieben von überfüllten Konzertsälen, mit dem Grafen in der ersten Reihe, seinen Krimstecher auf Tatjanas Mund gerichtet, von rasenden, klatschenden Menschen, von Blumen, Blumen, Blumen. Blumen bei der Ankunft, Blumen im Konzert, Blumen bei der Abfahrt. Von den trauten Soupers nach den Konzerten mit Tatjana und Alexandra, aller Augen auf unseren Tisch gerichtet. Von dem offiziellen Gutenachtsagen – welche Wonne, Tatjana im Beisein ihrer Mutter auf den Mund küssen zu dürfen! – und später von dem leisen Tapsen nackter Füßchen auf meinem Teppich.

Ihre Nerven lagen bloß nach jedem Konzert, und es schien, als müsse sie, nachdem sie Tausende mitgerissen hatte mit ihrem Temperament, am eigenen Feuer verbrennen, wenn es nicht gelöscht wurde. Und die Erlösung war bei ihr von einer Süßigkeit und Schärfe, die sie ohnmächtig werden ließen.

Ihre naive Aufrichtigkeit erschreckte mich oft. Einmal sagte sie, es müsse bei ihr anders sein als bei allen anderen Menschen. Denn wenn es bei allen Menschen so wäre wie bei ihr, so würden alle Menschen nichts tun als lieben.

Einmal machte ich ihr Vorwürfe, daß sie den armen Grafen bewußt quäle. Es sei absolut überflüssig, bedeutete ich ihr, ihrem Cello zu erlauben, ihren Kleidersaum bis über das Knie zu streifen, so daß dem armen Dietz die Augen herauszufallen drohten.

Nachdem sie die Eifersucht, die aus meinen Worten sprach, geschlürft hatte, wie ein Kätzchen die Milch, sagte sie, der arme Mann sei gelähmt, er könne nur von ihr träumen, und es sei nichts Unrechtes, ihm dazu zu verhelfen. Es sei nur christlich. Und die Leute, die mehr von ihr hätten, sollten sich schämen, Dietz dieses kleine Vergnügen zu mißgönnen. Die Gewissensbisse, die ich mir gelegentlich machen zu müssen glaubte, daß unsere Leidenschaft ihr schaden oder ihr Spiel beeinträchtigen könne, waren albern, lieber Herr. Sie spielte jeden Tag besser und wurde mit jedem Tag schöner.

Trotzdem versuchte ich manchmal, ihren Lockungen zu widerstehen. Aber Tatjana hatte Mittel, diesen Widerstand zu brechen. Sie setzte diesen Bemühungen ein besonderes Lächeln entgegen. Sie hatte eine Art, mich anzusehen, eine Art, die Mundwinkel zu verziehen, die mich entwaffnete. Und wenn das nicht genügte, scheute sie keineswegs vor stärkeren Mitteln zurück. Kurz und gut, die Argumente, die sie vorzubringen wußte, siegten regelmäßig mit verblüffender Zuverlässigkeit.

Und die Erinnerung an unser morgendliches Wiedersehen am Frühstückstisch – sie immer bedeutend frischer aussehend als ich – gebe ich für nichts her, lieber Herr, für nichts ...

Unsere Tournee führte uns durch Deutschland, Holland, die Schweiz, Frankreich. Sie war so gelegt, daß wir uns an der Riviera entlang spielten von Marseille über St. Raphael, Cannes, Nizza, Monte Carlo, über die italienische Grenze nach Mailand und Genua. Ich habe von all diesen Orten nicht viel gesehen, lieber Herr. Ich weiß nur, daß schöner als das Azurblau des Himmels das Mausgrau von Tatjanas Augen war. Berauschender als das Murmeln der Brandung das Flüstern ihrer Lippen. Bleicher als der Mond das Leuchten ihres Fleisches.

An einem herrlichen Spätherbstmittag schifften wir uns in Genua ein.

18)

Was mich völlig um den Verstand brachte, war die Entdeckung, daß meine kleine Kleopatra mich liebte. Jawohl, mein Herr. Mit einer von Tag zu Tag sich steigernden Innigkeit und Glut.

Die Gewißheit, daß ihre Gefühle nicht nur Dankbarkeit waren, sondern daß sie mich brauchte und begehrte, rührte mich auf eine Höhe des Glückes, die nicht von Dauer sein kann. Es ist uns Sterblichen einfach nicht beschieden.

Es kommt nun das, was man mit dem „Finger Gottes" bezeichnet, wenn man gottlos genug ist, das zu tun.

Wir hatten uns in New York ein Auto gekauft und fuhren durch Staaten, Berge und Wüsten mit dem Ziel Las Vegas, wo wir uns trauen lassen wollten.

Eine Tagereise vor Las Vegas übernachteten wir in der Wüste in einem Camp. Ich lag schlaflos an der Seite meiner Geliebten, die morgen meine Frau werden sollte.

In die unendliche Süßigkeit meines Glückes hatte sich ein quälender Gedanke geschlichen. Es hatten sich in letzter Zeit Anzeichen gehäuft, daß Tatjana schwanger war. Wenn das der Fall war, war das Kind von mir?

Ich hatte die ganze Zeit gefühlt, wie liebend dankbar mir Tatjana für die Tatsache war, daß ich nie mit einem Wort oder einer Andeutung ihre Affäre mit ihrem kleinen Freund erwähnt hatte. Und ich war entschlossen, mir eher die Zunge abzubeißen, als mich dieses Vorzuges in ihren Augen zu begeben. Und doch werden Sie mir nachfühlen, mein Herr, wie ich litt. Es ist verdammt schwer, ein Wesen, das Sie lieben, nicht bis in die entferntesten Winkel auszuforschen. Aber mich schützte der Gedanke, mich in ihrer Liebe herabzusetzen, davor, jemals die Frage auszusprechen. Übrigens, konnte sie es selbst wissen? Als ich so weit in meinen Gedanken gekommen war, knipste Tatjana, von der ich gedacht hatte, daß sie schliefe, das Licht an. Sie sah mir in die Augen, die Hand am Schalter lassend, und sagte: „Wenn ich ein Kind kriege, ist es von dir." – Und knipste das Licht wieder aus.

Ich überschüttete sie mit Küssen, ich schwor ihr – was ja doch die Wahrheit war –, daß ich ihr Kind lieben würde, auch wenn es vom letzten Landstreicher wäre.

Sie küßte meine Augen. Sie nahm meinen Kopf in ihre Arme, und meine Tränen fielen auf ihre kleinen Brüste.
Und einschlafend mußte ich lächeln bei der Erinnerung, wie diese kleinen Dinger neulich von ihrer Besitzerin massiert worden waren. Vor dem Spiegel. Damit sie größer würden ...
Als ich später erwachte, lag Tatjana nicht an meiner Seite.
Ich machte Licht.
Sie stand im Hemdchen am offenen Fenster und blickte in die Sternennacht. Die Nächte sind verdammt kalt in der Wüste. Sie konnte sich den Tod holen. Ich trug sie ins Bett und schimpfte mit ihr.
„Ich habe den lieben Gott gebeten, mich zu sich zu nehmen, wenn das Kind nicht von dir ist", sagte sie. Da nahm ich sie in meine Arme, so fest, als ich konnte ohne sie zu erdrücken, und sprach zu ihr:
„Der liebe Gott ist allgütig und allwissend. In seiner Allgüte wird er deine törichte Bitte überhören. Denn, allwissend wie er ist, weiß er, daß ich dein Kind lieben werde wie etwas Heiliges. Denn es wird auf alle Fälle von dir sein, das kannst du nicht bestreiten. Und er weiß auch, daß du es lieben wirst. Denn selbst wenn es nicht von mir wäre, dann wären die Umstände seiner Entstehung schuld daran, daß wir uns kennengelernt haben. – Glaubst du nicht, daß das ein Grund ist, es zu lieben??"
Da legte Tatjana ihre Ärmchen, die noch ganz kalt von der Nachtluft waren, um meinen Hals. Mit der Spitze eines Brüstchens berührte sie mein Herz.
Das war das Zeichen, daß sie umarmt werden wollte.

19)
Ersparen Sie mir, während des Folgenden in Einzelheiten zu gehen.
Am nächsten Morgen fieberte Tatjana, so daß wir unsere Reise nicht fortsetzen konnten. Gegen Mittag mußte ich Lun-

genentzündung feststellen. Am Abend sandten wir nach einem zweiten Arzt. Und am nächsten Morgen nach dem Priester. Er legte unsere Hände ineinander und traute uns. Ich steckte ihr den Ring an den Finger und hielt ihr Händchen in meiner Pfote, bis ich fühlte, daß das Händchen kalt wurde. Da wurde ich ohnmächtig.

Mein Erzähler konnte nicht weitersprechen.
Winnetou hatte seinen Kopf tröstend auf die Knie unseres Besuchers geschoben und schielte zu mir hinüber, ob mir denn gar nichts einfiele, ihn zu trösten. Nein, mir fiel nichts ein.
„Ich habe Tatjanas Asche“, fuhr unser Erzähler fort, „im Memorial Park beigesetzt mit der Bestimmung, daß nach meinem Tode meine Asche mit der ihren vermischt wird. Die Kosten meiner Verbrennung sind bezahlt. In meinem Letzten Willen und in meinem Abkommen mit der Memorial Park Corporation ist alles festgelegt. Alles, was ich Sie bitte, lieber Herr, ist, daß Sie überwachen, daß mein letzter Wunsch wörtlich ausgeführt werde ... Ja, das ist alles, lieber Herr ...“
Als Boris Michailowitch Leventieff jetzt den Kopf des Hundes streichelte, beugte er sich tief über ihn. Wohl, damit ich seine Augen nicht sehen sollte.

20)
Zwei Wochen später erhielt ich einen Brief.
„Lieber Freund,
mein Arzt hat mir versprochen, daß ich Anfang nächster Woche sterben werde. Endlich! Wenn ich mir nicht schon längst das Leben genommen habe, so geschah es, weil ich nicht wußte und nicht weiß, ob die Seelen der Selbstmörder ebendahin kommen, wo die meiner Geliebten sich befindet. Zwölf Jahre Enthaltsamkeit sind eine lange Zeit, lieber Herr, aber nun sind es nicht einmal mehr zwölf Tage ... Halten Sie sich also bitte bereit, Mitte der Woche meine sündigen Überreste den

reinigenden Flammen zu übergeben. Ich hätte gerne noch einmal das Andante von Bach gehört.
Wollen Sie es mir bei dieser Gelegenheit vorspielen? Sie brauchen sich nicht zu genieren, außer Tatjana und mir wird Sie niemand hören. Sie werden der einzige sein, der bei dieser kleinen Feier zugegen ist, auf der die Beerdigungsgesellschaft besteht, da ich dafür bezahlt habe. Nächsten Tages wollen Sie dann so freundlich sein, unsere Aschen zu mischen und die Urne wieder auf ihren alten Platz zu stellen.
Leben Sie wohl, lieber Freund. Und Gott lohne Ihnen Ihr Verständnis für meine Narrheit.
Ihr überglücklicher Boris M."

21)
Am Mittwoch nächster Woche starb Boris Michailowitch Leventieff.
Am Sonnabend fand in der Kapelle des Friedhofes die seltsame kleine Feier statt. Die Bänke waren leer. Aber der Sarg war schön geschmückt.
Ich spielte das Andante.
Ich patzte an der Stelle, wo ich immer patze. Und wenn Tatjana es gehört hat, wird sie wohl gelacht haben mit ihrem kleinen, tiefen, glucksenden Lachen. Dann drückte ich auf den mir vorher bezeichneten Knopf. Der Sarg setzte sich in Bewegung, die Tore zum Ofen öffneten sich wie zwei Arme.
Am nächsten Tag erschien ich, um die Aschen zu mischen.
Ein Krematoriumsbeamter half mir. Ich erwartete, als wir die Aschen mengten, daß irgend etwas geschehen würde. Ich weiß nicht, was. Daß das Gefäß in unserer Hand explodieren würde. Oder daß die Luft anfangen würde zu tönen. Oder sonst etwas. Nichts dergleichen.
Um die Wahrheit zu sagen, es klang genau so, wie es klingt, wenn zwei Aschen sich mischen.

Und doch war da ein Ton in der Luft. Er kam von der nahen Kapelle, wo eine Orgel einsetzte.
Aber er war zu leise, um festzustellen, ob man zu einer Beerdigung spielte oder zu einer Hochzeit.
Es war Sonntagmorgen.

# AUSBRUCH DES WELTFRIEDENS

## Eine Anregung

Die Idee zu diesem Einakter, durch äußere Mittel die Hirne der Menschen zum Guten zu verleiten, da es durch geistige nicht möglich zu sein scheint, trage ich seit 30 Jahren mit mir herum. Ich verwendete sie zum erstenmal in einem Textbuch „Die sieben Ohrfeigen“, das die UFA verfilmte, wo ein junger Mann sich bei der Kriegsindustrie Zutritt verschafft unter dem Vorgeben, ein neues Giftgas erfunden zu haben. Als er aber sein Giftgas erklärt, das sich von anderen dadurch unterscheidet, daß es nicht tötet, sondern die von ihm Schnüffelnden in friedvolle Lämmer verwandelt, die von Kuhglocken träumen anstatt von Kanonengetöse, wodurch es nie wieder Krieg geben könnte, wird er rausgeschmissen. Diese Idee wurde aus dem Film gestrichen, weil man glaubte, daß sie für „Lieschen Müller“ zu hoch wäre. Mir hat sie keine Ruhe gelassen. Aus dem Gas wurden im Laufe der Jahre Strahlen und schließlich „Saguwil“, der Sa-tellit des Gu-ten Wil-lens.
**Curt Goetz**

## Personen

Lord Charles Hatter, englischer Premierminister
Lady Gwendolin Hatter, seine Frau
François Collet, französischer Botschafter
Kommandant Gorotschenko, russischer Botschafter
Herr v. Aussem, deutscher Botschafter
Dr. Stauffacher, Schweizer Botschafter
Mijnher van Aaradapellenbotten
Parkins, Butler

Ort: Landsitz Lord Hatters in der Umgebung von London
Zeit: Wann?

*Die Szene stellt einen Salon im Landhaus des englischen Premierministers in der Umgebung von London dar. – Es ist 3 Uhr morgens. Auf der Szene befinden sich Lord und Lady Hatter. Der Premierminister geht auf und ab, hin und her, seine Lippen bewegen sich, als memoriere er eine Rede. – Lady Gwendolin wirft einen prüfenden Blick auf eine im Hintergrund befindliche Anrichte mit sehr kaltem Buffet.*

LADY: Charles! … Möchtest du aufhören, im Zimmer auf und ab zu tigern wie ein Löwe im Käfig!
LORD: Wie ein Tiger im Käfig …
LADY: Ein Premierminister Ihrer Britischen Majestät sollte überhaupt nicht tigern, tigert er aber, so tigert er wie ein Löwe!
LORD: Gut gebrüllt!
LADY: Ich wünschte, du besäßest meine Gabe, dich herauszureden, Charles!
LORD: Ich auch.
LADY: Es hat auch keinen Zweck, unverständliches Zeug vor dich hin zu murmeln, solange du es nicht aufschreibst. Es wird seinen Effekt im Parlament verfehlen, wenn du es bis dahin vergessen hast.
LOKD: Auch wenn ich es n i c h t vergessen habe.
LADY: Hör auf „mit deinem Gram zu spielen“ und setze dich!
LORD: Der Arzt hat mir Bewegung verordnet.
LADY: Im Freien, nicht im Zimmer.
LORD: Ich befinde mich im Freien. Ich möchte fast sagen: im Vogelfreien. Jeder Straßenkehrer glaubt mich mit dem beschmeißen zu dürfen, was er gerade auf der Schippe hat!
LADY: Es ist heute keine Zeit mehr für Diplomaten! Sie ist zu ernst!
LORD: Du sagst es! – Aber vielleicht nicht mehr lange!

LADY *zu ihm gehend:* Was hast du? ... Seit dem Besuch dieses seltsamen Fremden von heute morgen bist du wie umgewandelt!
LORD: Das bildest du dir ein ...
LADY: Ich bilde mir ein, daß die Frau eines Premierministers sich noch ahnungsloser zu stellen hat als dieser selbst ist. Wozu kein geringes Maß von Schauspielkunst gehört. Dennoch wäre ich für eine Andeutung dankbar, ob du dir etwas Gutes von der heutigen Konferenz erhoffst?
LORD: Erhoffen tut man immer etwas Gutes, meine Teure! ...
LADY: Sehr verbunden!
LORD: Ich möchte aus Aberglauben nicht darüber sprechen.
LADY: Also ist es etwas Gutes!
LORD: Auch möchte ich dem Eindruck nicht vorgreifen, den der Vortrag auf dich machen wird.
LADY: Dein Vortrag?
LORD: Nein. Der Vortrag des Fremden. Er war in der Tat sehr seltsam.
LADY: Der Vortrag oder der Fremde?
LORD: Beide.
LADY: Was ist er? Politiker?
LORD: Schäme dich! Er ist Gelehrter. Physiker.
LADY: Oh! Also einer eurer Nachfolger. Die Physiker werden die Diplomaten ersetzen.
LORD: Vielleicht früher als du denkst!
LADY: Hm ... Wie hieß er?
LORD: Er heißt noch so.
LADY: Nämlich?
LORD: Du weißt natürlich, daß ich es vergessen habe. Es ist unschön von dir, dich in meinen Schwächen zu baden.
LADY: Wie oft habe ich dich gebeten, Liebling ...
LORD: ... mir die Namen buchstabieren zu lassen.
LADY: In Amerika ist das selbstverständlich.
LORD: Ich weiß es. Dennoch: nachdem er dreimal diesem Wunsche nachgekommen war, hielt ich es für unhöflich, ihn

ein viertes Mal darum zu ersuchen. – Es klang wie Mirabellen mit Sardellenbutter. Er ist Holländer.

LADY: Der Fliegende?

LORD: Er hat etwas Unheimliches. Wenn auch seine Nase versöhnlich ist. Sie hat die Farbe vom Burgunder.

LADY: Dann ist er ungefährlich.

LORD: Hm ...

LADY: Oder nicht?

LORD: Gerade immer wenn man sich diesem Eindrucke hingeben möchte ... na, du wirst ja sehen ... Warte es ab.

LADY: Nachdem du alle Gesandten und Botschafter, deren du habhaft werden konntest, für jetzt, um drei Uhr morgens, eingeladen hast, dürfte es sich um keine Lappalie handeln?

LORD: Hoffentlich nicht!

LADY: Charles, um Gottes willen! Da mußt dir doch bei dieser nächtlichen Einladung etwas gedacht haben!

LORD: Jetzt schmeichelst du, Liebling. Ich kann überhaupt nicht mehr denken. Aber einerseits kann ich die Verantwortung für eine Ignorierung des phantastischen Vorschlages dieses seltsamen Fremden nicht allein tragen. Andererseits ist die Tatsache, daß ich ihn überhaupt bis zu Ende anhörte, vielleicht das erste Anzeichen eines ausbrechenden Irrsinns. Wirst du mich pflegen, wenn ich kindisch werde, Gwen?

LADY: Natürlich, Liebling. – Und worum handelt es sich also?

LORD: Es handelt sich um das Fortbestehen oder Nichtfortbestehen der Menschheit.

LADY: Ich dachte, es sei etwas Wichtiges.

LORD: Sei nicht zynisch, meine Teure.

LADY: Über dieses Thema diskutiert ihr seit zehn Jahren, ohne einen Finger zu rühren.

*Der Butler tritt ein durch die Mitte.*

BUTLER: Seine Exzellenz, der Französische Botschafter.

LADY: Bis er dich auf beide Wangen geküßt hat, eile ich noch einmal in die Küche. *Sie geht links hinten ab.*

*Der Butler läßt Francois Collet eintreten und zieht sich zurück.*
COLLET *erregt:* Charles! ... *Umarmt und küßt ihn auf beide Wangen.* Etwas Neues?? ...
LORD: Das kann man wohl sagen! ...
COLLET *ihn anstarrend:* Du lächelst? ... Charles! ... Zugegeben, es ist ein müdes Lächeln, aber es ist eins! ... Soll das um aller Heiligen willen bedeuten, daß du etwas Gutes zu berichten hast?? –
LORD: Ich weiß es noch nicht. – Fasse dich, Francois!
COLLET: Ich fasse mich seit Jahren. Meistens an den Kopf.
*Lady Gwen von links, wo sie abgegangen.*
LADY: *Collet die Hand zum Kuß reichend:* Bon soir, mon ami. Wie schön, Sie zu sehen! Wie geht es Ihnen?
COLLET: In Ihrer Gegenwart bedeutend besser, Lady Gwen.
LADY: Wie schade, daß Sie Ihren Charme an die Diplomatie verschwenden müssen, mein armer Francois.
COLLET: Verschwenden ist das richtige Wort, bezaubernde Lady. Es gibt unverständlicherweise Staatsmänner, die ihm durchaus nicht verfallen.
LADY: Die Welt ist nicht mehr die alte. Es soll übrigens auch im Himmel nicht mehr alles so sein wie früher.
BUTLER *meldet:* Seine Exzellenz, der deutsche Botschafter.
*Herr von Aussem tritt ein.*
LADY: Willkommen, Herr von Aussem. *Reicht ihm die Hand.* Wie nett. Sie zu sehen. Wie geht es Ihrem hohen Chef? Ich hoffe, es ist keine Lungenentzündung?
AUSSEM *mit Handkuß:* Es war eine, Lady Gwen. Aber mein hoher Chef hat ein Aspirin genommen und meinte: „Stramme Haltung siegt über jeden Schnupfen!“ Und es ist vorüber gegangen.
LADY: Bravo! Erscheinungen wie er sind ein Trost.
AUSSEM: Ich werde es ihm ausrichten, Lady Gwen.
*Der Butler meldet.*
BUTLER: Seine Exzellenz, der russische Botschafter.
*Gorotschenko tritt ein.*

LADY: Kommandant Gorotschenko! *Reicht ihm die Hand.* Welch ein Vergnügen, Sie zu sehn!

GOROTSCHENKO *mit russischem Akzent:* Vergnügen! Ich kann es Ihnen aus den Augen ablesen, Lady Gwen!

LADY: Sie trauen mir wieder einmal nicht?

GOROTSCHENKO: Trauen kann man nur Frauen, mit denen man sonst nichts anfangen kann, Mylady!

COLLET: Das soll ein Kompliment sein, wenn mich nicht alles täuscht.

GOROTSCHENKO; Es geht nichts über die Diplomaten der alten Schule! Guuut! Sehr guuut! *Zu Hatter, ihm auf die Schulter hauend:* Und du, Charles, wie tief steckst du in der Tinte? Im Augenblick?

LORD *Drinks mischend:* Whisky?

GOROTSCHENKO: Wodka.

LORD: Es kommt weder so sehr auf die Tinte, noch auf den Augenblick an, Kommandant Gorotschenko, als wie man sich zu diesen Faktoren stellt.

GOROTSCHENKO: Auch wenn man auf dem Rücken liegt? ...Hahahaha!

LORD: Sie haben heute nicht Ihren charmanten Tag, Kommandant Gorotschenko! *Ihm den Wodka reichend:* Was ich fragen wollte …

GOROTSCHENKO *entschieden:* Njet!

LORD: Ich habe ja noch gar nicht gefragt!

*Der Butler meldet.*

BUTLER: Seine Exzellenz, der Botschafter der Schweizerischen Eidgenossenschaft.

*Herr Dr. Stauffacher tritt ein.*

STAUFFACHER *mit Schweizer Akzent und sehr gut gelaunt:*
Guten Abend miteinander. *Zur Lady:* Ich danke Ihnen gewaltig, Lady Gwen, für die fründliche Einladig.

(...)

*(Als letzter Gast trifft noch ein der geheimnisvolle Fremde, ausländischer Gelehrter, dessen Namen der Butler mit Mijnher Willem van Aaradapellenbotten angibt. Nun beginnt eine Unterhaltung, die vom Realpolitischen zum Metaphysischen übergeht. Dazu gibt der Fremde den Anstoß.)*

LADY: Warum zieht Religion heutzutage eigentlich so gar nicht mehr?

FREMDER: Man hat sie unpopulär gemacht. Die Herren Gottesverkünder haben die unchristliche und überhebliche Gewohnheit angenommen, von der Kanzel herab die Andächtigen zu beschimpfen, ihnen mit Tod und Verdammnis zu drohen, ihnen Heulen und Zähneklappern zu versprechen. Wer möchte sich das gern anhören, an seinem einzigen freien Vormittag, in einer ungeheizten Kirche? Wie sollen wir an Liebe glauben, wenn wir dauernd von Strafe hören? Und was hoffen diese Herren zu erreichen? Durch Furcht Liebe zu erwecken, anstatt durch Liebe Ehrfurcht?

GOROTSCHENKO: Aber jetzt predigen Sie!

FREMDER: Sie haben recht, Kommandant! Die Menschen haben genug von erhobenen Zeigefingern. Solange man ihnen – namentlich den heutigen, gehetzten Menschen, die Lehren der Propheten nicht als einen geheimen Tip zuflüstert, oder als Allheilmittel – was sie ja in der Tat sind – verkaufen kann, so lange werden sie nicht zuhören. *In völlig verändertem sachlichem Ton, seinem Ziel zusteuernd:* Aber auch zum Zuhören ist es zu spät. Um dem Weltuntergang zuvorzukommen, muß ein sofort wirkendes, ich möchte sagen, blitzartiges Verfahren erfunden werden. Man muß die Menschen überrumpeln und zu ihrem Glücke zwingen.

GOROTSCHENKO: Ich habe etwas von Zwang verstanden?

FREMDER: Ja, leider. Wir dürfen nicht vergessen, daß die Sitten im Laufe der Jahrhunderte mit der steigenden Kultur entsprechend verroht sind. Die Propheten hatten nur gegen Pfeil und Bogen anzugehen, wir aber haben es mit der Atombombe zu tun! – Wie kämpft man gegen eine Atombombe? –

GOROTSCHENKO: Mit einer stärkeren!

AUSSEM: Dann kommt der Feind mit einer noch stärkeren!

GOROTSCHENKO: Dann kommt Rußland mit der stärksten!

FREMDER: Vorher kommen wir mit „Saguwil"!

GOROTSCHENKO: Mit wem?

STAUFFACHER: Mit was?

FREMDER: „Saguwil" ist der Sa-tellit des gu-ten Wil-lens.

GOROTSCHENKO: Den Sie erfunden haben?

FREMDER: Nicht ich allein. Einige Kollegen und ich, die wir eine Reihe von Jahren viel Zeit zum Nachdenken hatten.

GOROTSCHENKO: In einem Irrenhaus?

FREMDER *sehr ruhig:* Ja, in einem Irrenhaus.

*Bewegung.*

Wir waren unserer vier. Eine kleine, aber internationale Gesellschaft. Einer war wegen Defaitismus, einer wegen unheilbarem Pazifismus, einer wegen religiösen Wahnsinns und einer wegen „subversive activities" interniert worden .... Unser Amerikaner war zum Glück Millionär, was sich später bei der technischen Durchführung unserer Idee als ein Segen erwies. Ich möchte nicht verschweigen, daß der Kern unserer Erfindung russischen Ursprungs ist.

GOROTSCHENKO: Alle großen Erfindungen sind russischen Ursprunges!

STAUFFACHER: Sowieso!

FREMDER: Eben! – Aber ich sagte: der Kern der Erfindung! Und dieser Kern war allerdings negativer Natur. Ihn ins Positive umgestaltet zu haben, ist unsere Erfindung.

COLLET: Wessen – um genau zu sein?

FREMDER: Meine.

*Man sieht sich schmunzelnd an während Gorotschenko laut lacht.*

FREMDER *seine Brille putzend:* Ich freue mich, in Ihnen jene leichte Fröhlichkeit erweckt zu haben, die der erste Schritt zum Optimismus ist, ohne den kein Erfolg erzielt werden kann. Es fing damit an, daß wir über „Schauprozesse" nachzudenken begannen, in denen Unschuldige alles zugaben, was der Staatsanwalt von ihnen hören wollte, und zwar, ohne durch Folter dazu gezwungen zu sein. Einer von uns vier Verrückten war so einer gewesen. Er vermutet, daß man ihm eine Droge ins Essen mischte. Jedenfalls, sagte er, habe er sich noch nie so froh, so glücklich, so mitteilungsbereit, so furchtlos und so optimistisch gefühlt wie während der Verhandlung. Dieser Furchtlosigkeit und diesem Optimismus schrieb er es auch zu, daß ihm nach der Verhandlung seine Flucht so reibungslos glückte.

LADY: Erinnerst du dich, Charles, wie du noch drei Tage vergnügt warst, nachdem man dir unter Lachgas acht Zähne gezogen hatte?

FREMDER: Die Wirkung von Gasen und Drogen würde sich zu schnell verflüchtigen. Auch würde die notwendige gleichzeitige Applizierung auf die ganze Menschheit auf Schwierigkeiten stoßen, sagten wir uns. Aber es gibt – und hier weicht unsere Erfindung von der alten ab – es gibt Strahlen. Strahlen, die von tiefgehender, dauerhafter, unsagbar beruhigender Wirkung sind.

GOROTSCHENKO *belustigt über diese Umschreibung:* Todesstrahlen!

FREMDER: Ja, die gibt es auch. Und wenn es Todesstrahlen gibt, müßte es auch Lebensstrahlen geben, sagten wir uns. Und die haben wir gesucht. - Und zwar haben wir gefunden, daß kosmische Strahlen Trillionen von geladenen Ionen zeugen, in sich zeugen. Und diese winzigen Ionen sind es, die ihrer elektrischen Ladung nach uns zum Beispiel die Befangenheit vor dem Gewitter, das Unbehagen bei Föhn, schlaflose Nächte, Neuralgien, schmerzende Narben usw. verursachen. Ihre gegenteilige Ladung aber gibt uns ein Gefühl von Befreiung, Glück, Übermut, Optimismus. Und diese Strahlen mit den geladenen Ionen können wir jetzt synthetisch herstellen, wie man Höhensonne künstlich erzeugt. Wir können sie sogar verpacken. Und versenden. Und zwar in einer Verdichtung, die, von unserem Sa-gu-wil bei seinem Kreisen um den Erdball ausgestrahlt, genügen wurde, die Hirne der Menschen auszubügeln, zu entgiften, sie anzufüllen mit Hoffnung und Selbstvertrauen und sie zu befreien von Neid, Mißtrauen und – vor allem – vor der Furcht. – Was praktisch den Ausbruch des Weltfriedens bedeuten würde. *Er sieht sinnend vor sich hin. Alle sehen sich betreten an.*

GOROTSCHENKO *nach einer Pause:* Und Sie fühlen sich ganz wohl im Augenblick?

FREMDER, *tief in seinen Gedanken, summend:* Und der Saguwil
er geht rund – rund – rund –
Und er fegt die Gehirne
Gesund – sund – sund – ...

*Plötzlich zu Gorotschenko:* Wie meinen Sie, Kommandant Gorotschenko?

GOROTSCHENKO: Ich fragte, ob Sie sich ganz wohl fühlen im Augenblick?

FREMDER: Seltsam! ... Bei einer Petroleumlampe schrieb Jules Verne seine Zukunftsvisionen, aber im Zeichen des Fernsehens, im Zeitalter der Raketen und Satelliten, deren Bahnen wir Hunderttausende von Kilometern weit von unserer kleinen Erde aus verändern können, weigern sich die Menschen wie die Maulesel, an Wunder zu glauben!

LADY: Was ist, Kommandant Gorotschenko, so wundersam an der Logik, daß die Menschen, wenn sie die Kräfte, denen sie das Leben verdanken, besser nutzen würden, besser leben würden?

GOROTSCHENKO: Nichts, bezaubernde Lady. Aber die technische Durchführung ...

LADY: Um heutzutage an die Durchführung jeder wissenschaftlichen Idee zu glauben, dazu braucht man kein Phantast mehr zu sein. Es genügt, ein Realist zu sein. Wer heute kein Phantast ist, ist kein Realist!

COLLET *applaudiert:* Epatant!
STAUFFACHER *ebenso:* Sowieso!
AUSSEM *ebenso:* Bravo!
FREMDER *gut gespielt:* Kommandant Gorotschenko hat leider recht. An der Durchführung hapert es. Wir haben noch kein Geschütz, keine Rakete, diesen Satelliten in den schwerelosen Raum zu senden.
GOROTSCHENKO: Wie peinlich! Wir haben!
FREMDER: Auch nicht. Unser Saguwil ist schwerer als alle bisherigen Satelliten. Er hat es in sich!
LADY: Was kostet so eine Rakete? Ich mache mich anheischig, die Gelder aufzubringen!
COLLET: Vorsicht, Mylady, die Diplomatie wäre dann überflüssig !
LADY: Der Segen wäre nicht auszudenken! Also wieviel?
FREMDER: Sehr lobenswert, Lady Gwen, aber überflüssig. – Die Raketen sind abschußbereit.
*Bewegung.*
GOROTSCHENKO: Abschuß ...?
FREMDER: ... bereit. – Ja. – Warum ich hier bin, ist, die Frage an Sie zu stellen, ob wir sie abschießen sollen? – *Große Pause und Ratlosigkeit.* – Nun, Kommandant Gorotschenko?
GOROTSCHENKO: Njet!
LADY: Warum nicht?
GOROTSCHENKO: Wir sind der stärkst gerüstete Staat. Wir würden am meisten aufgeben! Wenn der Westen keine Angst mehr vor dem Osten hat – was dann?
LADY: Dann braucht der Osten keine Angst mehr vor dem Westen zu haben!
GOROTSCHENKO: Die Antwort is ... njet!
STAUFFACHER: Sollten Sie nicht erst Ihre Regierung fragen? Sie müssen doch sonst bei jedem Käse Ihre Regierung fragen!
GOROTSCHENKO: Nicht in diesem Falle!
AUSSEM: Hört, hört!

LADY *zu von Aussem:* Und Sie, Exzellenz? Wären Sie für den Abschuß?

AUSSEM *zögernd:* Würde das heißen, daß dann für alle Zeiten die Grenzen so blieben, wie sie in diesem Augenblicke sind? Sie müssen zugeben, daß in diesem Falle der Satellit seine „bügelnde“ Tätigkeit in einem für Deutschland sehr ungünstigen Moment ausüben würde.

LADY: Vergessen Sie nicht, daß auch die Sowjets von den Strahlen des guten Willens getroffen werden. Vielleicht werden sie freiwillig zurückgeben, was sie ...

AUSSEM: Gestatten Sie, daß ich schmunzle, Lady Gwen ...

GOROTSCHENKO: Gestatten Sie, daß ich mich diesem Schmunzeln anschließe, Lady Gwen ...

AUSSEM: Auf alle Fälle müßte ich in Bonn anfragen.

LADY: Was würde die Schweiz dazu sagen, Herr Dr. Stauffacher? Würde sie zustimmen?

STAUFFACHER: Sowieso! *Mit Humor:* Wir würden eben nachher unsere beiden Abwehrkanonen einschmelzen ... vorausgesetzt natürlich, daß die Vereinigten Staaten ihren Standpunkt in der Uhrenfrage revidieren und ... *sich fragend umsehend....* ha?

LADY: Danke. – *Zu Collet:* Und Sie, Exzellenz? Würde Frankreich zustimmen?

COLLET: Selbstverständlich. Vorausgesetzt ...

LADY *ärgerlich:* Vorausgesetzt, vorausgesetzt, danke! Und du, Charles, würdest du zustimmen?

LORD: Ja.

LADY: Nein! Du müßtest erst unsere amerikanischen Freunde fragen!

LORD *mit Würde:* Würdest du bitte die Entscheidung darüber mir überlassen. – *Nach einer Pause zum Fremden:* Meine Frau hat recht: ich müßte unsere amerikanischen Freunde fragen!

LADY: Sie werden erst feststellen wollen, ob sie im Augenblick der Welterlösung über die meisten Ölquellen verfügen! – *Alle sprechen durch- und aufeinander ein. Es ist ein Höllenspektakel.*

Sie sehen, Mijnher van Aaradapellenbotten, es ist hoffnungslos. Die Welt ist noch nicht reif für Ihre Idee.

FREMDER, *der die Szene nicht ohne Vergnügen verfolgt hat:* Im Gegenteil. Sie ist überreif!

GOROTSCHENKO: Wenn Ihre Raketen abschußbereit sind, warum schießen Sie sie nicht ab? Wozu dieses Theater?

FREMDER: Was haben Sie gegen ein bißchen Theater? Vielleicht wollte ich mir das Schauspiel, das die Herren bieten, nicht verkneifen?

GOROTSCHENKO: Frechheit!

FREMDER: Vielleicht wollte ich auch die Verantwortung nicht allein tragen?

GOROTSCHENKO: Verantwortung?

FREMDER: Nicht nur die Verantwortung vor den Menschen, sondern auch die Verantwortung vor Gott?

GOROTSCHENKO: Jetzt werden Sie wieder langweilig!

FREMDER: Es gibt ein altes Wort, Kommandant Gorotschenko: „Quam deus perdere vult, dementat prius." – „Wen Gott verderben will, den macht er vorher verrückt." – Und daß er die Politiker, in deren Händen das Schicksal der Völker ruht, bereits verrückt gemacht hat, dürfte wohl keinem Zweifel unterliegen ...

GOROTSCHENKO: Unerhört! ...

FREMDER: ... woraus füglich geschlossen werden kann, daß der Liebe Gott wieder einmal genug hat von den Menschen. Worauf die weitere Frage entsteht, ob es nicht Frevel ist, ihm ins Handwerk zu pfuschen ...

GOROTSCHENKO: Dann lassen Sie doch Ihre Finger davon!

FREMDER: ... wenn nicht andererseits die Tatsache, daß der Liebe Gott mir und meinen Kollegen diesen Gedanken eingegeben hat, die Möglichkeit offen ließe, daß er in seiner Gnade sich die Sache überlegt hat, daß er quasi meine Verrücktheit gegen die Ihre gesetzt hat, um es noch einmal mit den Menschen zu versuchen.

GOROTSCHENKO: Lord Hatter! Seit wann ist es in England Sitte, daß man seine Gäste beleidigen läßt? Warum wird dieser Kalkofen nicht vor die Türe gesetzt?
FREMDER: Beruhigen Sie sich. Dieser Kalkofen wird gleich von selbst seine qualmende Tätigkeit einstellen. *Er erhebt sich.* Meine Herren! Wenn je, so wäre jetzt der Moment gekommen, zu erklären, daß wir gar keine Strahlen gefunden haben, daß wir Ihnen nur zeigen wollten, daß, wenn wir sie gefunden hätten, Sie, meine Herrn Politiker, die ersten wären, die sich der Erlösung der Welt widersetzen würden. Aus Engstirnigkeit, Bosheit, Krämergeist oder splitternackter Dummheit. Mit dieser Pointe könnte ich mich von Ihnen verabschieden – wenn nicht …
GOROTSCHENKO : Wenn nicht ...
FREMDER: Wenn wir nicht wirklich diese Strahlen gefunden hätten. Wir haben natürlich die Reaktion der internationalen Diplomatie vorausgesehen und unsere Vorkehrungen getroffen. *Auf seine Uhr sehend:* Es ist jetzt eine Minute vor vier. In 60 Sekunden – obgleich Sie es nicht verdienen, meine Herren – werden meine Freunde die Rakete abgeschossen und Sie jeder Entscheidungsqual enthoben haben. – Jetzt sind es noch 50 Sekunden. – Guten Abend! *Er will gehen.*
GOROTSCHENKO *ihm den Weg verstellend:* Sie bleiben! Sie rühren sich nicht von der Stelle!
FREMDER: Ich kann auch bleiben. – *Setzt sich wieder, sieht auf die Uhr.* Jetzt sind es noch 30 Sekunden. –
LADY *völlig verwirrt:* Darf ich Ihnen ein Kaviarbrötchen ...?
FREMDER: Danke, Lady Gwen. Sie täten besser, zum Fenster zu gehen. Ich nehme an, daß man ihn sehen wird. – Jetzt sind es noch 20 Sekunden. –
*Verlegene Ratlosigkeit. Man weiß nicht recht, wie man sich benehmen soll, ohne sich lächerlich zu machen. Schließlich gehen doch alle zum Fenster, bis auf Mijnher van Aaradapellenbotten, der in seinem Stuhl lehnt und seine Brille putzt. – Lady Gwen zieht die Stores ein wenig zur Seite. – Tödliches Schwei-*

*gen. – Warten. – Hinaussehen. – Ein Rauschen. – Das elektrische Licht flackert, verlischt. – Eine phosphorische Helligkeit huscht über den Park und erleuchtet ihn taghell. – Lady Gwen schreit auf. – Alle halten die Hände vor dir Augen. – Dann Stockdunkelheit. –*

LADY: Mein Gott!! ...

*Die elektrischen Kerzen flackern wieder. – Jetzt brennen sie. – Es ist alles wie vorher. – Nur Mijnher van Aaradapellenbotten sitzt nicht mehr in seinem Stuhl.*

LADY: Mijnher! ... Wo ist er?

STAUFFACHER: Fort!

GOROTSCHENKO: Ich muß ihm nach! *Er stürzt ab.*

AUSSEM: Kommen Sie, Eidgenosse, wir müssen sehen, daß er ihn nicht erschlägt!

STAUFFACHER: Sowieso! *Beide ihm nach.*

LADY *am Fenster, träumerisch hinausblickend:* Weltfrieden! *Sie geht zu ihrem Gatten und legt ihm die Hände auf die Schultern:* O Charles, was würdest du tun, wenn du morgen früh aufwachtest, und der Weltfriede wäre ausgebrochen?

LORD *träumerisch:* Ich würde angeln gehen! Oh, es ist nicht auszudenken!

LADY: Du sollst es aber ausdenken!

LORD: Würdest du den Gedanken, angeln zu gehen, für einen positiven Gedanken halten?

LADY: Natürlich! Besonders wenn er den Ausbruch des Weltfriedens zur Voraussetzung hat!

*Parkins tritt ein.*

PARKINS: Ich bitte um Entschuldigung, ich wollte mich nur vergewissern, ob alles in Ordnung ist. Es war da wohl eine Störung im Elektrizitätswerk.

LORD: Warum lächeln Sie, Parkins? Ich habe Sie seit dreißig Jahren nicht lächeln sehen?

PARKINS: Ich war gleichermaßen verblüfft, Your Excellency, als ich es im Spiegel der Halle bemerkte. In der Tat, ich war so verblüfft, daß ich meinem Spiegelbild stärker zulächelte, worauf es noch stärker zurücklächelte.

LADY: Das sollten Sie von jetzt ab üben, Parkins!

PARKINS: Ich habe es mir vorgenommen, Mylady.

LADY: Und was war der Grund Ihres Lächelns?

PARKINS: Seine Exzellenz Kommandant Gorotschenko zwinkerte mir zu und nahm die Balalaika von der Wand, die neben dem Musiksalon hängt, und wenn Mylady und Ew. Exzellenzen sich an jenes Fenster bemühen wollten, so würden Sie sehen, wie die aufgehende Sonne Kommandant Gorotschenko beleuchtet. Er tanzt auf den Hacken, mit verschränkten Armen, um Mijnher van Aaradapellenbotten herum, der sich um sich selbst dreht, mit einer Hand in der Hüfte und der anderen hinter dem Kopfe. Die Exzellenzen der deutschen und der Schweizer Botschaft schlagen mit den Händen den Takt und feuern sie an. Es ist ein erfreulicher Anblick!

*Man ist zum Fenster geeilt und hat es geöffnet. – Der Himmel ist von der aufgehenden Sonne leise gerötet. – Man hört Gorotschenko im Takt des Händeklatschens tanzen und singen: „Nasche malinko dirivnje ...“ Dieses Lied geht schnell und kurz in den „Yankee Doodle“ über. Die Lauschenden am Fenster werden von dem rassigen Rhythmus angesteckt und begleiten ihn ebenfalls mit Händeklatschen und Tanzschritten, durch Zurufe die anderen anfeuernd, bis der aus dem Garten näher kommende Gesang zu Ende ist.*

LADY *am Fenster lehnend:* Die Luft ist wie Champagner, findet ihr nicht auch?

LORD: Es atmet sich so leicht!

COLLET: Wie auf den Bergen.

LADY: Seht doch nur, wie die Bäume noch phosphoreszieren. *Sie geht ins Zimmer zurück.* Ich habe immer an Wunder geglaubt. Ich wundere mich nur, daß dieses so lange auf sich warten ließ. – Parkins, bitte, bringen Sie die Kaviarbrötchen.

PARKINS: Sehr wohl, Mylady. *Ab.*

LADY *freudestrahlend zu Charles, der drei Sektgläser zu füllen im Begriffe ist:* O Charles! Du bist der Mann des Jahrhunderts! Die Welt wird dir nie vergessen, daß du der erste warst, der an den Frieden glaubte!

LORD *den Kopf schüttelnd, leise zu Gwen:* Das stimmt ja gar nicht! Es ist wie ein Wunder! Ich wollte mich nur an eurer Verblüffung weiden!

LADY: Sag es niemand, Herzblatt! Dein Wohl, Liebling!

COLLET: Prost, Charles!

*Parkins ist mit den Brötchen eingetreten und stellt die Tabletts ab.*

LORD *sein Glas feierlich hebend:* Auf das Wunder!

*Gorotschenko, Herr von Aussem und Dr. Stauffacher kommen in bester Laune aus dem Garten, Parkins reicht ihnen Champagner.*

GOROTSCHENKO *sich auf ein Glas stürzend:* Prost Collet! Es gibt nichts Besseres auf der Welt als eueren Champagner!

COLLET *Gorotschenko mit seinem Brötchen zuprostend:* Doch! Euern Kaviar!

LADY *ein Brötchen nehmend:* Habe ich mich übrigens schon dafür bedankt?

GOROTSCHENKO: Kein Dank nötig! Wachst sich allein bei uns!

AUSSEM *ist ans Fenster getreten, um den Satelliten zu verfolgen. Er spricht* in *Gedanken mehr zu sich, aber alle lauschen aufmerksam:* Da ist er! Genau über uns! Jetzt fliegt er gen Osten, über das herrliche Rußland.

GOROTSCHENKO *stutzt einen Augenblick:* Hat er gesagt „herrliches Rußland“? *Er zerschellt sein Glas über alle Köpfe hinweg an der gegenüberliegenden Wand, stürzt auf Aussem und umarmt ihn so temperamentvoll, wie das nur ein glücklicher Russe tun kann.*

LORD *zur Lady:* Kannst du mir sagen, ob wir träumen?

LADY: Träumen ist Wünschen. Wünschen ist Hoffen. Und Hoffen läßt nie zuschanden werden. Also, laßt uns träumen!

DER FREMDE *kommt ganz einfach hinter der Portiere am Fenster hervor und spielt an einem kleinen Taschenradio:* Bravo, Lady

Gwen! *Aus dem Radio hört man: piep ... piep ... piep ...* Das ist er! Eine schöne Melodie! Oder wollen wir lieber Nachrichten hören?

COLLET: Um Gottes willen, jetzt nur keine Nachrichten!

GOROTSCHENKO: Aus diesem elenden Ding: Aufstand, Streik, Revolte, Krieg, Krieg, Krieg!

STAUFFACHER: Wovon sprechen Sie, Kommandant? Drehen Sie ruhig weiter, Herr van Aradapellenbotten!

*Aus dem Apparat ertönt „Freude schöner Götterfunken ..." Der Fremde geht damit an die Rampe, um das Publikum die leise Musik hören zu lassen.*

FREMDER: Und auch Sie, meine Damen und Herren, denken Sie nie mehr an den ... Hm .... denken Sie nur noch an den Frieden. – Und falls Sie über unsere kleine Komödie, über unsere ... Anregung, oder wie Sie das Ding zu nennen belieben, kritisch nachzudenken aufgelegt sein sollten, so denken Sie daran, daß Sie nur noch positiv denken wollten! *Er verbeugt sich artig und tritt zurück in die Reihe der andern Schauspieler.*

VORHANG

# GOTTFRIED AUGUST BÜRGER

Gottfried August Bürger „nach dem Gemälde von Florillo gestochen von Gottschick", aus: Otto Leixner, Geschichte der Deutschen Literatur, 2. Teil, Leipzig 1906, 541

## A. *Vorwort*

„Der kleine Bürger", so nannte man den großen Gottfried August Bürger, als er leicht kränklich und zart aus der Provinz (Molmerswende bei Aschersleben) nach Halle auf die Schule kam. Ein wenig schwächlich - von der familiären Stellung her – erschien wohl auch sein Vater, ein glückloser Pfarrer mit einem durchsetzungsfähigen Schwiegervater. Der veranlaßte als Großvater den Bildungsweg des Schülers, dann des Studenten – immer höchst kritisch in moralisch-finanzieller Hinsicht den jungen Mann begleitend, bis er ihm dann die Unterstützung aufkündigte. Der „kleine Bürger" zeigte sich der städtischen Welt in Halle als unsicher, immer ein wenig labil. Jedoch spornte ihn sein Manko schon auf der Schule zu besonderen Leistungen an. „Stolz" sei er gewesen, so beurteilte der Schulinspektor den ungewöhnlich begabten Knaben aus der Provinz.

Die äußeren Voraussetzungen waren nicht gut, Bürger konnte sie im Laufe seines Lebens nicht verbessern. Selbst sein späterer Mentor Adolf Klotz, der die philologische und poetische Hochbegabung bald erkannte, konnte – im Grunde erfolglos – immer nur anspornen zum Schreiben und zum wissenschaftlichen Arbeiten. Er erhoffte für Bürger sogar eine Professur in Halle. Waren die recht groben Maßnahmen des Großvaters nicht geeignet, Bürger auf einen stabilen Weg in der Gesellschaft zu führen, so waren's die Klotzschen Versuche ebenso wenig. Dabei hatte Bürger auf seine Weise großen Ehrgeiz entwickelt, und seine Begeisterung über seinen ersten Ruhm als Poet war unverhohlen groß. Von einem Hochgefühl getragen, schrieb er am 12. August 1773 (an Boie) über seine Ballade „Lenore": „Ich staune mich selber an, und glaube kaum, daß ich's gemacht habe. Ich zwicke mich in die Waden, um mich zu überzeugen, daß ich nicht träume." Von Anfang an eher „nachschaffend",

fand er nach den Balladen in den Münchhausen-Erzählungen, die er aus dem Englischen übersetzte, umformte und vermehrte, instinktsicher den Stoff, der ihn für alle Zeiten berühmt machte. Kurioserweise erschienen sie zu seinen Lebzeiten anonym. Die Entstehungsgeschichte der Münchhausen-Erzählungen ist kompliziert, jedoch bleibt seit der Erkenntnis der Autorschaft der Name Bürgers für immer mit ihnen verbunden. Mit ihrer Gestaltung hat sich der zarte, doch findig-begabte Bürger am eigenen Schopf aus der Gefangenschaft seiner Labilität gezogen.
Ein Antrieb war ihm, dem einst „kleinen Bürger", der Ruhm, speziell der Ruhm in breiten Kreisen. Volksnahe, populär wollte er sein, daher auch die Vorliebe für bekannte Sagen und Vorlagen. In der Lenore und in anderen Balladen sehen wir Lyrik-Pendants zur Münchhausen-Prosa. Die literaturgeschichtliche Einordnung in den „Sturm und Drang" erfaßt sein Werk nicht in seiner ganzen Wirksamkeit. Karriere in akadamischen Gefilden hat Bürger während seines eher kurzen Lebens nicht machen können, doch sollte seine wissenschaftliche Tätigkeit nicht außer acht bleiben. Besonders auf philologisch-rhetorischem Gebiet lassen sich interessante Perspektiven erkennen. Eine gründlich recherchierte Biographie, die sich allen Lebensstationen zuwendet, ist in den letzten Jahren erschienen (Scherer 1995). Nach dem Wechsel von Halle nach Göttingen mußte sich Bürger berufsbedingt wieder der Provinz zuwenden, allerdings fand er dort in einer ungewöhnlichen Liebes- und Ehebeziehung zu zwei Schwestern kein dauerhaftes Glück. Tragik und Unverständnis waren seine Begleiter. Aber: wie schon als „kleiner Bürger", so gab er als älterer und gezeichneter Mann nicht auf. Als ein literarischer Wink aus dem fernen Stuttgart kam, daß eine couragierte junge Frau um seine Gunst werbe, entwickelte er noch einmal ungeahnte Kräfte – und war dem Ergebnis dann nicht gewachsen. Vom „Schwabenmädchen" Elise trennte er sich

verbittert und unversöhnlich nach kurzer Ehe. Die umstrittene Verstoßene machte dann ungeahnt als Schauspielerin deutschlandweit eine beachtliche Karriere. Sie spielte übrigens u. a. in Altona, wo auch Goetzens Großvater Rocco einst erfolgreich auftrat.

In Bürgers Leben können sicherlich die Erfolg anbahnenden Schul- und Studienjahre in Halle zu den unbeschwertesten und förderlichsten Abschnitten gezählt werden. Seit 1755 gab es im Pädagogium auf Veranlassung von Friedrich II. sogar Tanzunterricht – sicher noch nicht im Stile von Goetzens Großvater Rocco. Hier entwickelte Bürger Blick und Gefühl für Begabung und Anerkennung, sogar für „Popularität“. Hier erstmals taten sich dem „kleinen Bürger“ durch ein ungeahntes Bildungsangebot einer angesehenen Schul- und Universitätsstadt vielversprechende Perspektiven auf. Es bildete ein enormes Hilfsarsenal für seinen lebenslang währenden Kampf, besonders gegen die eigenen Schwächen. Seine Kraft, trotz prekärer Situationen weiter zu bestehen, wurzelt nicht zuletzt im Bildungsfundus, den er seit seiner Schulzeit in Halle mit sich trug. Seine gelungensten poetischen Werke verschafften ihm ein fast überirdisches Hochgefühl und neue Zuversicht.

Zur Auswahl der Texte:
Sie gliedert sich in zwei Teile. Im ersten sind lyrische Arbeiten versammelt, angeführt von der berühmten Lenore-Ballade. Es schließen sich drei weitere Balladen an, als deren großer Gestalter Bürger seinen Platz in der deutschen Literaturgeschichte gefunden hat. Trinklied und Zechlied könnten Reminiszenzen an Hallische Tage spiegeln, so auch „Lust am Liebchen“ (1769). „Molly's Wert“ (1779) gehört zu Bürgers berühmten Liebesgedichten, mit eindeutig personalem Bezug. M. ist die Schwester der 1. Ehefrau, dann Ge-

liebte mit deren Kenntnis, dann nach deren Tod die 2. Ehefrau Bürgers. Nach kurzer Ehe verstarb auch sie.
Der zweite Teil enthält fünf Kapitel (mit jeweils verschiedenen Episoden) aus dem ersten Teil der Münchhausen-Geschichten, dazu dasjenige „Seeabenteuer", das die allseits bekannte Mondreise schildert. Es wurde deswegen ausgewählt, weil es aufs Schönste anschließt an dasjenige Landabenteuer, das wegen der Rettung einer Biene den Freiherrn schon einmal auf den Mond gelangen ließ. Im Zehnten Seeabenteuer mit dem anspielungsreichen Untertitel „Eine zweite Reise nach dem Monde" ist die Verbindung zu den vorherigen Erlebnissen und Erfahrungen dramaturgisch verbunden. Bei Bürgers akademischer Bildung ist völlig klar, daß er Vorbilder solcher Mondreisen kannte, beginnend bei dem griechischen Autor Lukian von Samosata. Wie angedeutet, ist die Entstehungsgeschichte recht kompliziert, da sie sich über mehrere Autoren und Stadien erstreckt. Bürger übersetzte die ihm zugängliche englische Fassung, wobei ihm seine auf dem Pädagogium in Halle erworbenen Englischkenntnisse ein Schlüssel waren. Wie bei den meisten seiner Werke ist er von vorhandenen poetischen Quellen ausgegangen und hat sie in seiner eigenen Genialität neu gestaltet. Im Pädagogium bereits wurde man zu poetischen Versuchen angehalten. Leider sind die Arbeiten aus dieser Zeit nicht mehr zu finden (Oden).
Einer Anregung des Hallischen Mentors Klotz folgend begann Bürger 1767 an der später weit verbreiteten „Nachtfeier der Venus" aus einer lateinischen Vorlage zu arbeiten – über Jahre. Friedrich Schiller veranlaßte ihn in einer Kritik von 1791 noch einmal zu einer Revision. Im folgenden Auszug (Beginn) soll ein Einblick in eine der früheren Fassungen gegeben werden:

**Die Nachtfeier der Venus**
*nach dem Lateinischen*
*im Frühjahr 1769*

1

Vorgesang
Morgen liebe, wer die Liebe
Schon gekannt!
Morgen liebe, wer die Liebe
Nie empfand!

Unter hellen Melodien
Ist der junge Mai erwacht.
Seht, wie seine Schläfe[3] glühen!
Wie ihm Wang' und Auge lacht!
Über kräutervollen Rasen,
Über Hainen schwebet er.
Kleine laue Weste blasen
Wohlgerüche vor ihm her.
Segenvolle Wolken streuen
Warme Tropfen auf die Flur,
Geben Nahrung und Gedeihen
Jedem Kinde der Natur.

Morgen liebe, wer die Liebe
Schon gekannt!
Morgen liebe, wer die Liebe
Nie empfand!
(...)

---

[3] heute: = „Schläfen".

Zu den Dokumenten/Materialien:

Der zweite Teil beginnt mit einem Gedicht Bürgers, das aufgrund seiner personalen Zuordnung auch als „Dokument“ herangezogen werden kann. Dies soll nicht etwa in biographistischer Absicht geschehen, aber es läßt doch die danach folgenden brieflichen Dokumente und Aussagen um den Großvater in einem gebrochenerem Licht sehen.

- Briefe mit Bezug auf Bürgers Großvater
- Schilderungen des Biographen H. A. Daniel über Bürgers Aufenthalt im Pädagogium (1845)
- Matrikel im Pädagogium
- Matrikel in der Universität
- Briefe über Bürgers Bildungs-Entwicklung
- Elise Hahns Werbe-Gedicht an Bürger
- Auszug aus Bürgers brieflicher Antwort (Beichte)

## B. Zur Biographie

Bürger und sein Großvater

**Bei dem Grabe meines guten Großvaters**
**Jakob Philipp Bauers**

Ruhe, süße Ruhe schwebe
Friedlich über dieser Gruft!
Niemand spotte dieser Asche,
Die ich jetzt mit Tränen wasche,
Und kein Fluch erschütt're diese Luft!

Denn dem Frommen, der hier schlummert,
Galt der Wert der Redlichkeit. –
Was vordem, in goldnen Jahren,
Deutsche Biedermänner waren,
War er den Genossen seiner Zeit. –

Dieser Biederseele Flecken
Rüge keine Lästerung!
Denn was Flecken war, vermodert;
Nur der Himmelsfunken lodert
Einst, geläutert, zur Verherrlichung. –

Ach! Er war mein treuer Pfleger,
Von dem Wiegenalter an.
Was ich bin, und was ich habe,
Gab der Mann in diesem Grabe,
Alles dank' ich dir, du guter Mann! –

Ruhe, süße Ruhe schwebe
Friedlich über dieser Gruft!
Bis der himmlische Belohner
Ihren ehrlichen Bewohner,
Seine Krone zu empfangen, ruft.

## Klotz[4] an Bürger – (Halle), den 12. Jan. 1771

Zuförderst, mein lieber Bürger, ehe ich an jemand schreibe, muß ich an Sie schreiben, und Ihnen Nachricht geben, wie ich meine Commissionen ausgerichtet habe. Der Ausgang hat nicht von mir abgehangen, und also ist er nicht so erwünscht, als ich wünschte.

Abends um 5 Uhr kam ich nach Aschersleben, und um 6 Uhr ließ ich mich zum Herrn Hofisherrn führen: durch kleine und große Straßen, Brücken und Wasser. „Wer ist da?“ Gutfreund! „Ich mache nicht auf.“ Ich habe etwas von ihrem Enkel zu sagen. „Wer weiß, wer ihr seyd; ich mache nicht auf.“ – Endlich, nachdem wir uns fast eine Viertelstunde so becomplimentiert hatten, und ich Namen und Titel gesagt, riegelte er auf und führte mich in eine Stube linker Hand. Nun ging es an ein Schreyen, so dass mein Bedienter vor der Türe alle Worte verstehen können: „Mein Enkel kostet mich 5000 Taler: ich gebe nichts weiter: ich muß 400 Taler binnen acht Tagen für den Amtmann bezahlen: ich habe es ihm ja voraus gesagt; er hat in Halle pursikòs[5] gelebt; hier können Sie es lesen – (er griff hiermit nach einer kleinen Schreibtafel) da hat er selbst es aufgeschrieben, wie oftmals er tractiert hat – Er schreibt mir, er müsse jetzt Präsente machen, um die Stelle in Polen zu bekommen: das mag er einen andern weiß machen, – Geld muß er noch dazu kriegen; in ganz Europa ist kein Mensch, der alle perfecta so hätte, als Er: Er bekommt nichts mehr, die 110 Taler, die ich ihm geschickt, da ihn der Hochmutsteufel verführt, ein rotes Kleid mit silbernen Tressen zu machen, sind das letzte gewesen.“ – Ich versuchte alles

---

[4] Klotz: Christian Adolph Klotz (1738-1771), Philologe, seit 1765 Professor (für Philosophie und Beredsamkeit) an der Universität in Halle.

[5] pursikòs (= burschikos): lockeres Studentenleben

mögliche: ich lobte, aber ich armer Professor Eloquentiae[6]! Er lobte noch mehr, und verglich Sie immer mit der ganzen Welt: ich bat: ich redte aus der Bibel, und kam aufs Katholischwerden. Was denken Sie? Mir kam es vor, als ob ihm dieses nicht so gar ungelegen sey, wenn Sie nur Ihr Glück machen könnten. (Den Brief mußte ich auf der Post nachschicken. Denn der Koffer war mir unter dem Tore versiegelt worden.) Nachdem ich zwey ganzer Stunden mich heißer geschriehen und taub gehört, ja für Durst fast verschmachtet war, ging ich fort, und bedauerte, daß es solche Menschen gibt.
Soviel habe ich eingesehen: Sie haben sich gar keine Hoffnung auf ihn zu machen. Er gibt Ihnen nichts. Denn da ich zuvor mit Gleimen[7] gesprochen, und ihren Großvater offerierte, es wolle jemand 200 Taler herlehnen, fragte er anfangs, wer? ich sagte, ein Freund von mir, und nannte ihn nicht; er solle nur unterschreiben, so tat er die grausamsten Flüche, daß er ihnen nichts geben wolle. Und ich glaube, er hält sein Wort.

## Bürger an Gleim[8]

Wohlgeborener Herr!
Hochgeehrtester Herr Kanonicus!
Wie froh war ich nicht, als Sie nur erst in den Wagen gestiegen waren! So froh, als wenn man nach einer ängstlichen Erstickung wieder frei atmen kann. Ich eilte nach dem letzten Kusse meinem Zimmer zu und kaum, kaum bracht' ich meine Augen trocken über die Straße. Mein Herz war mir hoch herangeschwollen, und wären Sie länger geblieben, so hätt' ich mich nicht mehr halten können, so hätt' ich überlaut

---

[6] Eloquentia (lateinisch): = Beredsamkeit
[7] siehe nächster Brief.
[8] Johann Wilhelm Ludwig Gleim (1719-1803), Dichter der Aufklärungszeit; lebte ab 1747 in Halberstadt.

weinen müssen. Man soll sich zwar seiner guten Empfindungen nicht schämen, allein ich verberge doch lieber das Spiel derselben vor den stumpfen Seelen, die mich umgeben. – Gott im Himmel! rief ich aus, als ich allein war und so wollüstige Tränen weinte, als ich noch nie geweint habe, Gott im Himmel! was ist das für ein Mann! O Natur, hast du noch mehr solche Söhne geboren? – Nein! Nein! rief ich hitzig, so wahr der Herr lebt! es gibt keinen so edeln Mann, als Gleim ist, auf Erden mehr! Ich kontrastierte hierauf den großmütigen, liebreichen Gleim mit denen, auf deren Liebe ich als Blutsfreund ein Näherrecht hätte – Ich stellte Sie neben meinen Großvater – – Gott! ich hätte für Wehmut zergehen mögen bei dieser Vorstellung. – Doch ich will hiervon abbrechen; diese Erinnerung möchte sonst gewisse Saiten in meinem Herzen zu stark rühren, ich möchte zu sehr wieder in das Weinen geraten und dann würd' ich auf meinem Stuhle zurücksinken und diesen Brief nicht endigen können.

Aber, vortrefflicher Mann, sagen Sie mir doch, warum lieben Sie mich so? Ohnmöglich kann ich so vieler Liebe wert seyn. Ach, wie sehr befürchte ich, daß Sie vergeblich nach einer Ursache sinnen würden! Ganz gewiß enthält Ihr edel und weich geschaffenes Herz, dem jedes Geschöpf nahe gehen würde, wenns sich nicht wohl befände, den Grund Ihres gütigen Betragens. Denn schon ehe Sie mich kannten, ehe Sie noch sonst etwas von mir wußten, als daß ich mich in unangenehmen Umständen befände, interessierte sich dieses edle Herz so sehr für mich, daß Sie durch den Herrn Ahrends für mein Bestes sprachen. Ich kanns nicht beschreiben, wie warm mir ums Herz wurde, als mir Herr Boie dieses erzählte. Wie sehr fesselte schon dieses mein Herz! Herr Boie hat mir seitdem öfter gesagt, daß Sie sich mehr für mich interessierten, als ich nur immer mir einbilden könnte. Denken Sie nun, wie diese Wärme in meiner Brust zugenommen haben müsse, als ich bei Ihrem Hierseyn über die allerkühnste Erwartung

Proben Ihrer Huld empfing. – Ich fühle sie noch, jene innigen Umarmungen, jene Küsse, und das sanfte Streicheln Ihrer wohltätigen Hand auf meinen Wangen – ich fühle alles noch und werd' es immer fühlen. Wahrlich, ich lebte damals die seligsten Minuten meines Lebens. Seit dieser Zeit liebe ich Sie so unaussprechlich, daß ich zweifle, ob Venus Urania mehr Liebe in ihrer Gewalt hat, um sie in das Herz eines Sterblichen zu hauchen, als die erhabne Göttin der Freundschaft und die Dankbarkeit, eine heitere Göttin mit frischen Wangen und feurigen Augen, in meine Seele geströmet. Diese Liebe konnte durch die letzte edle Handlung, die Sie vor Ihrem Abschiede an mir taten, nicht vermehrt werden, so edel dieselbe auch immer war. Mein Erstaunen aber trieb sie auf den höchsten Grad. Wahrlich! solche Tugend hab' ich auf Erden noch nicht gefunden. Allerbester Mann! was tät' ich nicht, Ihnen meine Dankbarkeit zu zeigen!

Fürwahr! fürwahr! ich spränge
Zu dir ins Höllenreich
Und bäte Gott, zu richten
Barmherzig, und doch nur
Die Hölle zu vernichten,
Um deinetwillen nur.

(...)

Von meinem harten Großvater habe ich endlich wieder einen Brief erhalten. Ich hatte ihm so oft und nach meiner Meinung so kläglich geschrieben, daß es einen Iroqesen hätte rühren müssen. Bei ihm aber hats nicht mehr geholfen, als daß er nun Unvermögen, mir zu helfen, vorschützt. Mein Schwager, der Amtsmann Müller, schreibt er, habe ihm 7000 Taler abgelogen. Allein wenn dies auch wahr ist, so ist er deshalb noch kein Bettler. Denn ich weiß, daß er mehr als das, allein an Capitalien und außerdem über 9 Hufen Acker hat. Daher würden ihn meine ein paar hundert Taler Schulden das Garaus nicht machen. Er hätte auch nicht nötig, ängstlich zu sorgen, wie er, ein 76-jähriger Greis, durch die Welt kommen würde! Bester Herr Kanonikus! Sie können sich gar nicht vorstellen, was das für ein Mann ist. Höchst geizig, ohne Gefühl in der Brust und dabei von seinem Alter lächerlich und kindisch! Was ist mit einem solchen wohl anzufangen? Was er bisher an mir getan, das hat nicht sein gutes Herz, sondern seine bis zum Lächerlichen ausschweifende Eigenliebe getan. – Ich muß schließen, weil ich zu nahe am Rande bin.

Göttingen, den 7. Ju. 1771.

Ew. Wohlgeboren gehorsamster Bürger.

Das „Königliche Pädagogium" der Franckeschen Stiftungen; Stahlstich von N. Afinger nach L. Renner, 1863 (aus: Paul Raabe, Separatisten, Pietisten, Herrnhuter. Goethe und die Stillen im Lande, Halle 1999, 204).

## Bürger im Pädagogium
(aus: H. A. Daniel)

(*Situation bei Aufenthalt Bürgers im Pädagogium: Siebenjähriger Krieg, siehe S. 4*)

Da hast du, lieber Leser, die vielleicht nur zu ausführliche Entstehungsgeschichte der nachfolgenden Abhandlung „über Bürgers Aufenthalt auf dem Halleschen Pädagogium". Wohl ist es nur Weniges, was sich aus den noch vorhandenen Akten und Papieren zusammenstellen ließ; aber hoffentlich ist auch dies Wenige für Bürgers zahlreiche Verehrer nicht ohne Wichtigkeit und Interesse, für die vorhandenen Biographien des Dichters nicht ohne berichtigenden Einfluß. Zum natürlichen Hintergrunde hat aber Bürgers Schulleben den damaligen Zustand des Pädagogiums im Ganzen und Großen. Solche allgemeine Verhältnisse müssen wir also zunächst in das Auge fassen und ihr Interesse für die Geschichte der Pädagogik überhaupt, für die der pietistischen im Besonderen wird, denke ich, nicht den Vorwurf aufkommen lassen, als hätte ich beim Ausmalen jenes Hintergrundes zu lange aufgehalten und verweilt.

Bürgers Aufenthalt auf dem Königlichen Pädagogium fällt, wie wir dies hier im Voraus bemerken, in die drei letzten Jahre des siebenjährige Krieges, der auch Halle mit seinen Stürmen so oft erreichte. Doch ist es zu verwundern, wie in allen diesem kriegerischen Tumult die Frequenz des Institutes so bedeutend war. Zu Anfang des Jahres 1761 z. B. befanden sich 64 Scholaren auf dem Hause; 17 gingen ab, 21 kamen hinzu. Ähnlich bleibt das Verhältnis in den nächstfolgenden Jahren. Wirkt hernach der Krieg nicht nachteilig auf den Numerus der Zöglinge, so brachte er doch sonst viel Verdruß und Mühsal, bald ernsterer, bald komischer Art. Die Einkünfte der Anstalt liefen oft äußerst unregelmäßig ein, die allgemeine Landesnot machte sich auch bei uns recht fühlbar und wurde für den Einzelnen oft ganz unerträglich. Viele nötigen Bedürfnisse waren zuweilen selbst für die teuersten Preise nicht herbeizuschaffen. So wird vielfach über die Not mit dem Holze geklagt (die Benutzung der Braunkohle war damals in Halle noch unbekannt) und der Koch ist nicht im Stande, die schon damals wähligen Zungen seiner Kostgänger auch nur einigermaßen zu befriedigen. Bald muß eine Conferenz ausfallen, weil eine Menge feindlicher Officiers sich herumführen läßt – bald hat ein brauchbarer Lehrer im Zeichnen plötzlich das Weite gesucht und man erinnert sich seiner bedenklichen Worte: „daß doch kein besser Leben anjetzo als das Soldatenleben sei, indem Niemand Brot als nur diese Leute hätten“. Ein anderes Mal macht selbst der Nachtwächter dem Inspector Sorge: „die Werbung ist stark und da er lang ist, trauet er sich nicht auf die Straße zu gehen. Er ist zwar ein Sachse, aber man könnte doch Verdruß haben, wenn er erst einmal erwischt wäre.“ Wie spiegelt sich doch der Charakter einer Zeit nicht in dem Meere, sondern auch ganz und völlig in dem einzelnen Tropfen!

(…)

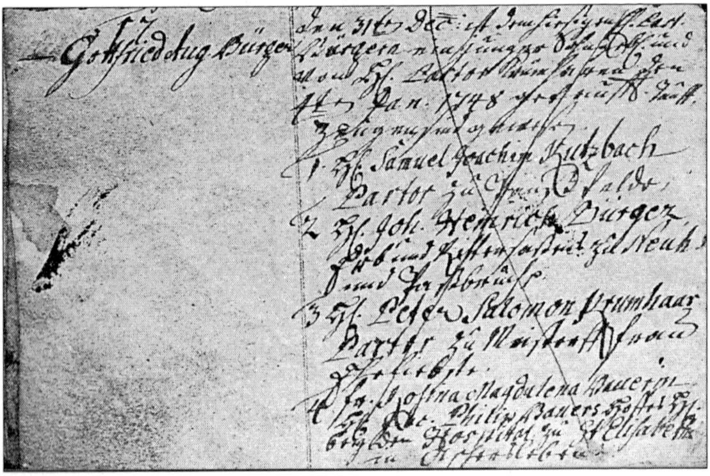

Geburtseintrag von Gottfried August Bürger vom 31.12.1747 in Molmerswende (Stadtarchiv Halle)

Gottfried August Bürger war am 1. Januar 1748 zu Molmerswende oder (wie es gewöhnlich in der Umgegend gesprochen wird) Molmerschwende geboren. Das ist ein Dörfchen in der asseburgschen Herrschaft (jetzt Grafschaft) Falkenstein, zum Fürstentum Halberstadt gehörig, im Mansfelder Gebirgskreise des Merseburger Regierungsbezirkes. Die anhaltische Grenze ist wenige tausend Schritte im Süden; zwei Stündchen nach Norden liegt das alte Schloß Falkenstein. Die Umgegend hat etwas Einsames und Abgeschiedenes, aber sonst viele Reize. Ein lieblicher Wechsel zwischen Hügel und Niederung, bald Kornfelder, bald kleine Hölzer und Wäldchen: in der Nähe ringsum frische, kräftige Forsten und der tiefe, schattige Grund der Leine, etwas entfernter das Tal der Eine, beides überaus anmutige Stellen, wenn sie auch nicht in der Route der gewöhnlichen Touristen liegen. (...)
Allgemein findet sich die Angabe, B. sei 1760 nach dem Willen seines Großvaters, des Hofesherren Jacob Philipp Bauer (in unseren Akten meist Hospital-Provisor genannt), der in Aschersleben wohnte, auf die dortige Stadtschule gebracht. Ein Epigramm, das der junge Dichter auf den unförmlichen Haarbeutel eines Primaners verfertigt, eine darüber entstandene Rauferei, eine tüchtige Züchtigung des autor rixae und ein sich wieder daraus entspinnender Streit zwischen seinem Großvater und dem Rektor Auerbach, dies Alles wäre die Veranlassung geworden, den Knaben 1762 auf das Pädagogium nach Halle zu bringen. Nun aber ist es gewisser als gewiß: Bürger ist schon am 8. September 1760 auf dem Pädagogium rezipiert. Sein Alter wird in der Liste auf 13 Jahre angegeben. So hat er denn in Aschersleben eine weit kürzere Zeit als man gewöhnlich glaubt, zugebracht.

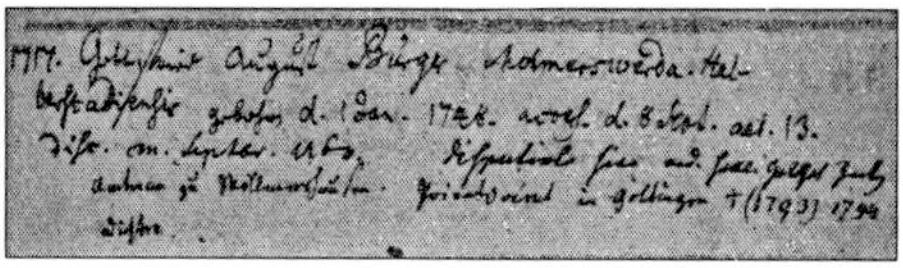

Matrikel für G. A. Bürger zur Aufnahme im Pädagogium vom 8. September 1760 (Bibliothek der Franckeschen Stiftungen)

(...)
Das äußere Wohlbefinden Bürgers war während seines hiesigen Aufenthaltes kein ungestörtes und die für diese Behauptung vorkommenden Notizen sind für die Geschichte seiner letzten Lebensjahre und seine letzte Krankheit nicht ohne Wichtigkeit. Im Sommer 1761 litt er am Blutauswurf, im Januar 1762 am roten Frisel. Überhaupt aber muß seine ganze Erscheinung etwas Unansehnliches gehabt haben; wenigstens haftet ihm in Niemeyers (*Inspector*) Munde das Prädikat des „kleinen Bürger" fast mit derselben Zähigkeit an, als jenem Töffel im Dorf, das an die Mulde stieß. Der kleine Bürger ist krank – dem kleinen Bürger sind 4 Taler gestohlen – noch bei seinem Abgange, als fast 16-jähriger Primaner, heißt es unabänderlich „der Kleine".
Aber wie die Biographen erzählen, wuchs B. nicht bloß langsam am Leibe, sondern auch an der Seele. Bis zum zehnten Jahr lernte er wenig mehr als Deutsch Lesen und Schreiben; im Lateinischen habe er so langsame Fortschritte gemacht, daß er nach zweijährigem Deklinieren kaum „mensa" deklinieren können und im zwölften Jahr noch nicht vollkommen in den Nepos (*lateinischer Autor*) eingedrungen sei.(...) Die Vortrefflichkeit seiner Anlagen wurde (*im Pädagogium*) alsbald erkannt und wäre an Mangel an Fleiß zu klagen gewesen, so würden sich ganz bestimmt darüber so gute Mitteilungen finden, wie über die Trägheit anderer Scholaren. Im Sommer 1761 konnte B. schon auf dem Actus (*Veranstaltung*) ein lateinisches, selbstgefertigtes „carmen" rezitieren. Zu Oster 1763 ist er im Lateinischen und Griechischen eben nach Prima versetzt; in der Mathematik, der Geschichte, dem Französischen ist er noch in Secunda *(Klasse darunter)*. Über die übrigen Lektionen kann nichts ermittelt werden.
Nur noch eine sehr wichtige Mitteilung bei Althoff (*Biographie*) müssen wir näher ins Auge fassen: „Das damals übliche Chrienmachen (*Sprüche verfassen*) wollte Bürger durchaus nicht gefallen. Desto besser gefielen ihm die Übungen im Versema-

chen, welcher der nunmehrige Herr Professor Leiste in Wolfenbüttel, als damaliger Lehrer am Pädagogium mit den Schülern seiner Klasse anstellte. (...) Diesen Unterricht genoß zu derselben Zeit auch der jetzige Geheime Finanzrat v. Göckingk. Bei beiden zeigte sich, nach der Bemerkung ihres Lehrers, schon damals die entschiedene Anlage zur Dichtkunst und bei Bürger soll sich auch schon die besondere Vorliebe für die Volkspoesie deutlich verraten haben." (...) Höchst wahrscheinlich beziehen sich auf diese poetischen Übungen einige Verse in der Epistel an Göckingk, in denen auch sonst Reminiszenzen aus dem Leben des Pädagogiums anklingen:

Man bringt, bald chrestomatice
Uns winzig klein in nucem,
Bald commentirt cum indice
In folio ad lucem.

Wie schön, wenn Knaben jung und alt
In jenen goldnen Tagen
Zur Schul', in Riemen eingeschnallt
Mich alten Knaster tragen.

Aus mir Vocabeln wohlgemuth
Und Phrases memoriren,
Und mich so recht in Saft und Blut,
Ut alunt, zu vertiren.

Und geht's nicht mit der Lection
Und mit dem Exponieren,
Dann wird's gar schlecht im Hause stohn,
Der Junker muß cariren.

Bedürfte es nun noch weitere Zeugnisse dafür, daß B. ein tüchtiger, fähiger Knabe gewesen, so gibt, wie oben schon angedeutet, das öftere Auftreten Bürgers bei den sogenannten Actus davon Kunde, daß man ihn unter die begabteren Schüler rechnete, mit denen man sich sehen lassen konnte. Am 29. Januar 1761 hat er „contra eos qui contumeliose maledicunt" eine deutsche Rede gehalten und dabei gewiß nicht geahnt, daß er selbst einst viel von solchen Lästerzungen zu leiden haben sollte. (...) Auf dem den 1. und 2. April 1762 gehaltenen Actus schildern Bürger und der Scholar v. Schmiedeberg in einem deutschen Gedichte „coscillum patrum et angelorum in monte Golgatha". Nicht minder half er ein großes Jubel- und Freudenfest des folgenden Jahres mit verherrlichen. Am 18ten April feierte das Königl. Pädagogium den Hubertsburger Frieden, am 19ten das 50-jährige Bestehen des Institutes, am 20sten den gewöhnlichen Entlassungsact, durch Reden und Gedichte und allerhand gelahrten Schulprunk, aber auch durch eine große Armenspeisung. Zum Schluß sangen die Waisenkinder vom Altan das „Te Deum laudamus", in welches die auf dem Vorderhofe versammelten Lehrer, Schüler und sonstige Hausgenossen einstimmten. Den ersten Tag dieses seltenen Festes dankte auch Bürger in einer deutschen Ode für den herrlichen Frieden und sprach Wünsche für das Wohl des großen Königs aus. Wenn man dabei erwägt, daß Bürger wohl auch die Rückkehr des in Halle stationierten Bernburgischen Regimentes mit angesehen hatte, die Ende Februar erfolgt war, so können wir dreist in diese Tage die sinnlichen und geistigen Eindrücke verlegen, aus welcher später die schöne Strophe (*in „Lenore"*) erwuchs:

Der König und die Kaiserin,
Des langen Haders müde,
Erweichten ihren harten Sinn
Und machten endlich Friede.
Und jedes Heer, mit Sing und Sang,
Mit Paukenschlag und Kling und Klang,

Geschmückt mit grünen Reisern,
Zog heim zu seinen Häusern.

Zum letzten Male ist Bürger, kurz vor seinem Abgange bei dem am 29sten und 30sten September 1763 gehaltenen Examen aufgetreten und hat „Christum in Gethsemane“ in einer deutschen Ode besungen. (...)

Wohl aber findet sich ein interessantes Urteil Niemeyers, welches ungefähr ein Jahr nach seiner Rezeption ausgesprochen ist und von der Seelenkunde des alten Pädagogen kein übel Zeugnis ablegt:
„Bürger, des alten Herrn Provisors Bauers in Aschersleben Enkel, hat ganz ungemeine Fähigkeiten und einen gleich großen Stolz.“
Daß aber Bürger nach und nach des gestrengen Herrn Neigung mehr gewonnen, daß er selbst auf unserem Hause gern geweilt und nur unter Tränen sich von ihm getrennt hat, dafür möge ein von Niemeyer am 5ten September 1763 geschriebenes Wort zeugen, mit dem wir unsere Mitteilung beschließen.
„Bürger, des alten Hospital-Provisors Bauers aus Aschersleben Enkel, bekam einen Brief wie ich auch von seinem Großvater, daß er auf Michaeli weggehen sollte. Es ist ein alter, eigensinniger Mann. Der kleine Enkel sitzt in Prima (*Schlußklasse*) ein Halbjahr und ist ohngefähr 15 Jahre alt. Er weint und bat, ich möchte doch seine Stelle noch nicht vergeben; er wollte beim Großvater um Prolongation bitten. Aber der alte Mann hat's abgeschlagen.“

Nach einstimmigen Berichten der Biographen hat Bürger erst im Jahre 1764 die Universität Halle bezogen. (...)

Ältestes Gebäude der Universität zur Zeit von Bürgers Studium: „Wage“ neben dem Rathaus; Kupferstich aus der Dreyhauptschen Chronik von 1750 (aus: Die Universität zu Halle und Franckens Stiftung, Hg. Ralf-Torsten Speler, Halle 1998, 16).

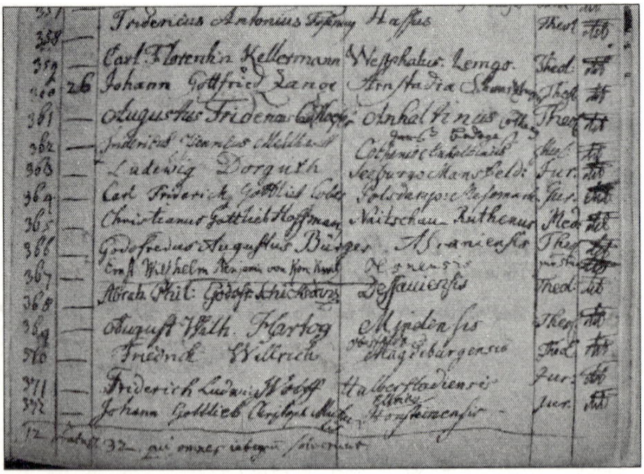

Matrikel Bürgers an der Universität Halle 1764 (Universitätsarchiv)

## Briefe zur Entwicklung Bürgers

*Bürger hat 1767 die Hallische Universität verlassen und ist zum Jura-Studium nach Göttingen gegangen. Er hält aber weiterhin Kontakt zu dem Hallenser Professor Klotz, der ihn seit seiner Hallenser Zeit betreut. In den Briefen werden die Anfänge seiner Dichtung angesprochen, zugleich aber auch die besonderen Probleme Bürgers, etwas für seine universitäre Karriere zu tun, die sich Klotz wieder in Halle vorstellt.*

### Bürger an Klotz – Aschersleben, 15.11.1767

Sie werden jetzt erkennen, ausgezeichneter Mann, daß meine Studien in dieser Stadt wenig Förderung erfahren und der Sinn für das Schöne durchaus nicht vermehrt wird. (...) Wenn ich jetzt auf irgend etwas meine Tätigkeit verwenden will, so muß es von der Art sein, daß es ohne Hülfe der Bücher aus dem Geiste allein herausgesponnen werden kann. Deshalb verwende ich ziemlich viel Zeit und Arbeit auf die sorglichere Feilung meiner zu einer anderen Zeit verfertigten Gedichtchen. Möge es glücken! ich habe mir nämlich vorgesetzt, eine ausgewählte Decade derselben herauszugeben. Vorher aber muß ich das Urteil irgend eines Gelehrten darüber erfahren, das mir die Zustimmung der übrigen feingebildeten Männer verbürgt. O möchten Sie, durch Ansehen und Verdienste berühmter Mann, meiner Bitte willfahren und Ihre Meinung sagen, ob sie der Herausgabe würdig sind! Denn nach Ihrem Urteil werde ich sie fast selbst verwerfen; aber durch Ihr Urteil gelobt zu werden, wird mein Herz so erheben, daß ich mit dem Homerischen Hektor das gewaltige Wort aus der Brust zu entsenden wage:
mein Ruhm wird nimmer verhallen.
Jenen Gedichtchen, meinen Geisteskindern, gedenke ich (Sie werden über meine Kühnheit erstaunen) eine deutsche Über-

setzung der Nachtfeier der Venus hinzuzufügen, durch Ihre „Neuen Gelehrten Zeitungen" aufgemuntert. Doch welchen Mann hielten Sie dieser Aufgabe gewachsen? Gleim? aber welch ein Mann! oder einen dem Gleimischen Dichtergeiste Zunächststehenden – bin ich der? (...)

Klotz an Bürger – Halle, 10.03.1768

O daß es mir vergönnt gewesen wäre, Sie in Ihrer Vaterstadt zu sehen und zu umarmen! Aber ich mußte zu sehr eilen. Denn einen ganzen Monat hatte ich in Niedersachsen zugebracht. Außerdem hörte ich, daß Sie zu uns (= *nach Halle*) zurückkehren würden. Wenn dies Gerücht wahr ist, freut es mich außerordentlich. Sie werden mir schreiben, was ich hoffen, was ich glauben darf. Auch fügen Sie wohl Ihrem Briefe die Übersetzung der Nachtfeier der Venus bei, welche ich zu sehen und zu lesen wünsche. Denn es ist ein weiches, süßes, liebliches, auch stellenweise schwieriges Gedicht, weshalb die Verdolmetschung nicht leicht scheinet. Doch Ihre Geisteskraft, lieber Bürger, wird alle Schwierigkeiten leicht überwinden. Ich weiß ja, was für ein Mann Sie sind, und was ich von Ihnen erwarten kann. (...)

Klotz an Bürger – Halle, 24.06.1768

(...) Doch denke ich täglich und spreche häufig von Ihnen; ja, vor wenigen Tagen haben wir mit Ihrem Schwager Oesfeld, einem feinen und Sie innigst liebenden Manne, Ihrer beim Weine ehrenvoll gedacht. Mit ihm sprach ich vertraulich über Ihr künftiges Schicksal. Ich halte nämlich die Hoffnung fest, daß ich Sie dereinst auf dieser Universität zu meinem Collegen haben, daß, wofern ich nur länger hier bleibe, ich Sie gewiß als Hallenser Professor begrüßen werde. (...)

Klotz an Bürger – Halle, 2.03.1769

(...) Ihre Gedichte sollen gedruckt werden: sobald ich nur mündlich mich über eins und das andere unterredet habe. Arbeiten Sie schon an Ihrer Doctordisputation? Ich frage um deswillen darnach, weil ich will, daß Sie bald wieder zu uns kommen sollen, und zwar als Professor. Das erste überlasse ich Ihnen: das letztere überlassen Sie mir.

Klotz an Bürger – Halle, 12.01.1771

(...) Nun wieder ein Punct! Hätten Sie nur etwas geschrieben! oder vielmehr, schreiben Sie nur jetzt bald etwas! Es müßte lateinisch sein! Ich weiß, daß Sie gelehrt sind: allein die Welt will es sich gedruckt beweisen lassen; es ist einmal der Welt Lauf so! Sie können ja leicht etwas aus der Historie oder dem jure publico aufs Papier werfen.
Wie hält es mit dem Homer? Ich hätte Ihren Aufsatz binnen 14 Tagen nach Empfang des Briefes gerne; weil 1) das 20ste Stück Bibl. nun angefangen wird, und keines weiter zur Messe herauskommt. 2) weil der von Greifswalde nach Closter-Bergen gegangene W. Möhring, mihi obscurus homo[9], an einem deutschen Homer arbeitet, von dem man mir in Halberstadt so viel gesagt, daß die Mauern des Doms wiederhallten. Ich wollte gern, daß mein Bürger der Erste wäre, der Ehre einlegt. Wie wäre es, wenn Sie morgen früh um 9 Uhr daran anfingen? Übermorgen sind Sie schon fertig damit.

Klotz an Bürger – Halle, 26.01.1771

(...)
1) Gut also, daß Sie hingehn wollen, wo es nur gut ist. Das ist brav! Das ist männlich gedacht.

---

[9] = mir unbekannter Mensch.

2) Auf Universitäten sollen Sie bald, cum stipendio, placiert werden; das nehm auf mir. Aber bey meiner Seele! ein Specimen, wie die Leute sagen, müssen wir haben. Ich sollte denken, Sie nähmen das Thema de feudo dotalitii[10]: und führten es gut aus: da zum promovieren kein Geld da ist, so senden Sie es mir: ich will sehen, daß wir einen Verleger finden. Etwas e humanioribus zu schreiben ist jetzt nicht nötig weiter, da ihr Longus (o ich stupider Mensch! Xenophon ist es ja!) und dann auch Ihre Probe der homerischen Übersetzung Sie den Leuten von dieser Seite bekannt machen kann und wird. Nun also, greifen Sie an das Werk mit Freuden! Man kann in acht Tagen viel schreiben, sehr viel. Ich muß noch 2 ½ Alphabeth zwischen heute und der Zahlwoche liefern. (...)
Alles kommt nun auf Ihren Eifer und Fleiß an. Gott! wenn Sie doch nur geschrieben hätten, da Sie soviel Geschicklichkeit dazu haben! Aber Sie sind im Schreiben so langsam, wie die Post jetzt aus Polen. Wenn Ihre Schrift 10 Bogen in 8 wird, ist dieses nicht genug? Ich verstehe die verteuffelten jura nicht, ich dächte aber, es müßte ja noch themata juris publici geben, die da auszuarbeiten wären. Obiges Thema schlage nicht exclusis aliis vor, sondern weil es mir von denen vorgeschlagenen das beste schien.
Wenn Sie den Xenophon nicht in Göttingen unterbringen, so schicken Sie mir ihn hierher, und NB. schreiben, wie viel Sie verlangen. Ich habe schon mit Curtio rufo[11] gesprochen. Hoffentlich haben Sie, wenn Sie diesen Brief erhalten, Ihre homerische Übersetzung abgeschickt. Es sey so viel als es wolle! Ich habe, bey meiner Ehre Platz im 20 Stücke aufgehoben, aber ich kann ihn nicht länger als bis 14 Tage aufbehalten. In das 21ste Stück will Goldhagen eine Übersetzung des Sopho-

---

[10] de feudo dotalitii: spezielle Rechtsfragen zum Abgabensystem.
[11] Vermutlich Hallenser Verleger Johann Jacob Curt (latinisierte Namensform: Curtius).

cles einrücken. Das verdammte Critisieren! Ich bin es so müde, wie die Göttingischen Rinderwürste.
Schreiben Sie doch ohne Titulatur an mich! Was kann es helfen? Ich glaube, Sie denken, ich sey der alte Boehmer in Göttingen; gewiß nicht!
Leben Sie wohl, stehen Sie von nun an eine Stunde früher auf, und unterstützen Sie mich durch Ihre eigene Hülfe. Ego semper ero toto animo Tuus[12] Klotz.

Die besonderen Probleme von Bürger, die in seinem labilen Lebenswandel liegen, werden im Briefwechsel von Gleim und (Bürgers Freund) Boie angesprochen.

Gleim an Boie[13] – Halberstadt, den 15ten Jan. 1771

Zu Göttingen, mein liebster Herr Boie, soll ein ganz vortrefflicher Kopf sich aufhalten, Namens Bürger; er soll aus Aschersleben gebürtig, und folglich eine Meile von mir, zu Hause sein. Man hat mir Wunder von ihm erzählet[14]. Er soll den Homer übersetzen, und vortrefflich! Können Sie mir's verdenken, wenn ich augenblicklich mich nach ihm erkundige? Meinem Boie sollt er unbekannt geblieben seyn? Warum aber hätt' er mir von Ihm noch nichts gesagt?
Alle Fragen bey Seite, mein lieber Herr Boie! Kürzer ist, Sie zu bitten, mir doch mit der ersten Post alles das zu sagen, was Sie von dem jungen Unbekannten wissen, denn so ganz Unbekannt ist er mir, daß ich auch nicht einmal seinen Namen nennen gehört habe. Das aber bedinge ich, mein Wertester Freund, daß Sie den Herrn Bürger von meiner Erkundigung nichts sagen. Schade! sagte der erste, der seinen Namen nannte,

---

[12] deutsch: Ich werde immer sein von ganzem Herzen dein Klotz.
[13] Heinrich Christian Boie (1744-1806), deutscher Schriftsteller und Herausgeber literarischer Zeitschriften.
[14] Gleim ist wohl von Klotz informiert worden.

daß er sich dem Trunk zu sehr ergeben hat[15]! Wäre dieses, so möchte ich schon deswegen nicht, daß ers erführe! Die andern Ursachen gehen nur mich an. Wie aber, wenn sie fänden, daß es mit dem Jammer Schade! seine Richtigkeit hätte, würden Sie dann nicht gleich für Eyfer brennen, ein junges Genie vom Verderben zu retten? Und dürft ich's wohl wagen, sie darum zu bitten, daß Sie mit dem Genie Bekanntschaft machen und in bessere Gesellschaften einführen möchten? Denn ohne Zweifel wird er durch die Gesellschaft, in die er zufällig geraten ist, verdorben; ein Genie verdirbt sich nicht selbst, aber es kann von andern leicht verdorben werden. Ich schreibe nur von dieser Sache, denn ich möchte nicht gern Ihre Aufmerksamkeit darauf zerstreuen, und bin, wenn sie mir bald Nachricht geben, noch mehr als schon jetzt Ihr Gleim.

Boie an Gleim – Göttingen, 28.01.1771

(...) Ehe ich mehr von ihm sage, will ich mit aller Offenherzigkeit, die ich bey Ihnen brauchen kann, von seinem Charakter und seiner Lage Ihnen Rechenschaft geben. Er hat in Halle Theologie studiert, unter Meuseln[16] einmal disputiert und, mehr durch Genie als durch Fleiß, so viel gelernt, daß er sicher sein Glück gemacht haben würde, wenn nicht sein freyes, lustiges Leben die Herren Theologen verhindert hätte, ihm gute Zeugnisse zu geben. Eben das, was auf einen edeln Zweck gelenkt, den Mann von Genie so weit über gemeine Menschen erhebt, führt ihn auch an der andern Seite weiter als diese, wenn er nicht früh genug mit Männern edler Denkungsart umgehen und seinen Charakter in einer feinen, edlen Erziehung verbessern kann. Das war das Unglück meines Freundes. Ohne alle Erziehung, ohne Geschmack wurde er

---

[15] „dem Trunk zu sehr ergeben": man vergleiche etwa aus dieser Zeit Bürgers „Trinklied" und „Zechlied".

[16] Johann Georg Meusel (1743-1820), Historiker und Philologe.

auf das Pädagogium zu Halle geschickt, das, nach dem Bekenntnisse, das mir mehrere, die da gewesen, getan haben, nicht mehr die Schule der Sitten und der Tugend ist. Er lernte etwas und vertauschte die Schule mit der Universität. Hier fuhr er fort wechselsweise zu schwärmen und zu studieren und würde, durch das Beispiel des Lehrers aufgemuntert, den er sich wählte, vielleicht nie einen andern Weg gegangen seyn, als diesen, worauf in unsern Tagen so viele gute Köpfe verunglückt sind, wenn er nicht hieher gekommen wäre. Er sah selbst ein, daß es mit der Theologie nicht gehen würde, und er beredete seinen Grosvater, von dem er abhängt, ihn nach Göttingen zu schicken, um die Rechte zu studieren. Das tat er auch mit einem Eifer, der ihn in einigen Jahren geschickt darin machte, fand aber noch immer Zeit, die schönen Wissenschaften gründlicher zu studieren, als man sie gemeiniglich zu studieren pflegt. Indeß brachte ihn eine unglückliche Gewohnheit und Mangel an guter Gesellschaft noch immer wieder in seine vorigen Ausschweifungen, und dadurch wurde sein Grosvater so aufgebracht, daß er seine Hand gänzlich von ihm abzog. In dieser traurigen Lage ist er noch, aber, so unglücklich sie ihn in mancher Hinsicht macht, hat sie doch gute Folgen für ihn gehabt. In dieser Zeit ward ich mit ihm bekannt.

(...)

Herr B. lebt jetzt auf eine untadelhafte Art und ich verspreche der Nation von seinen Talenten nicht wenig. Gelitten haben sie bei seiner vorigen Lebensart, aber zerstört sind sie nicht. Ich glaube, daß der Eintritt in die feine und gesittete Welt ihn jetzt zu einem vollendeten Mann machen und leicht das Rohe abschleifen würde, das ihm noch von seiner vorigen Lebensart übrig geblieben ist. Ich habe schon verschiedene Versuche gemacht, ihn aus seiner Lage zu reißen, aber alle sind noch vergebens gewesen. Er weiß nichts davon. Ich war willends, Sie zu bitten, ihm die Stelle zu verschaffen, die Ihre

Güte für mich ausgefunden hatte; aber in der Zeit hatte er die gewißeste Aussicht auf einen wichtigen Posten, und ich konnte ihn nicht zwischen zwey Türen stellen. Es scheint nichts daraus zu werden, und nun ärgert es mich sehr, daß ich mich nicht früher an Sie gewandt habe.

(...)

Das ist alles, was ich Ihnen von und über Hrn. B. sagen kann. Seine Denkungsart macht ihn der Aufmunterung, der Unterstützung eines jeden würdig, dem Gelehrsamkeit und Talente keine gleichgültige Dinge sind. Von seiner vorigen Lebensart kann Hr. Jacobi alles bezeugen, was ich gesagt habe, seiner jetzigen kann ich das beste Zeugniß geben. Mein ganzer Brief wird bezeugen, daß ich unparteyisch geredet, oder wenigstens zu reden gesucht habe. Um Ihnen einen völlig deutlichen Begriff von ihm zu geben, habe ich sogar meines Freundes nicht geschonet; aber er selbst würde alles billigen und bestätigen, was ich gesagt habe, so bald er den Mann kennte, dem ich es sage. Er wird sicher nicht wieder in seine vorigen Fehler zurückfallen, da er sie und ihre Folgen kennt, und auch edle und bessere Freunde finden, seitdem er sie zu haben verdient. Seine jetzige Lage, so traurig wie sie ist, war zu seinem wahren Wohl vielleicht notwendig. So sind die Wege der Vorsicht (= *Vorsehung*). Sie erlaubt oft einen Menschen hart, ja grausam zu seyn, um durch ihn einen andern zu bessern, dessen sie sich vorzüglich annimmt ...

Ich bin mit meinem ganzen Herzen der Ihrige B.

Elise und Bürger

## GEDICHT VON ELISE HAHN

### **An den Dichter Bürger**

Nach einem scherzhaften Gespräch bei Lesung seiner Gedichte

O Bürger, Bürger, edler Mann,
Der Lieder singt, wie's keiner kann,
Voll Geist und voll Gefühl!
Komm leihe mir zum Lobgesang
Entflossen aus des Herzensdrang
Dein Harfenspiel!

Mein Auge sah' von Dir sonst nichts,
Als nur den Abdruck des Gedichts,
Und dennoch lieb' ich Dich!
Denn Deine Seele, fromm und gut.
Und Deiner Lieder Kraft und Mut
Entzücken mich!

Ach, als ich Deine Lieder las,
Da wurde mir im Herzen baß,
Hoch pochte meine Brust!
Jetzt rannten Zähren allgemach,
Schnell stahl sich aus der Seel' ein Ach
Voll süßer Lust!

Bald lächelte, jetzt lachte ich,
Dann rief ich schnell: „O küssen Dich
Möcht' ich, Dich lieber Mann!"
So wechselte wie Dein Gesang
In mir der Hochgefühle Drang,
Je mehr ich sann.

O Bürger, Bürger, edler Mann,
Der deutsche Lieder singen kann
Voll Hochgefühl und Sinn!
Zwar ehret Dich mein Beifall nicht,
Doch höre, was mein Herz Dir spricht,
Und wer ich bin.

(...)

In St...s Mitte leben wir,
Aus St...s Mitte schreib' ich Dir,
Du lieber, goldner Mann!
Man sagt, du sollst ein Witwer sein;
Kömmt Dir die Lust zum Freien ein,
So komm heran!

Denn kämen tausend Freier her,
Und trügen Säcke Goldes schwer,
Und Bürger zeigte sich:
So gäb' ich sittsam ihm die Hand,
Und tauschte mit dem Vaterland,
Geliebter, Dich.

Drum kömmt Dir 'mal das Freien ein,
So laß 's ein Schwabenmädchen sein,
Und wähle immer mich!

Antwort-Brief Bürgers

Im Februar 1790 schrieb er aus Göttingen an die unbekannte Elise: „Beichte eines Mannes, der ein edles Mädchen nicht hintergehen will."

„(...) Theures Mädchen! so sehr ich wünsche, daß Sie die Person sein mögen, der es verliehen ist, den Nachmittag und Abend meines Lebens zu beseligen (...) so sehr drängt mich auch die Pflicht," (*und nun folgt eine Art Selbstporträt, rhetorisch brillant:*) Nunmehr etwas von meiner vorigen Lebensgeschichte. Ich habe zwei Schwestern zu Weibern gehabt. Auf eine sonderbare Art, zu weitläufig, hier zu erzählen, kam ich dazu, die erste zu heiraten, ohne sie zu lieben. Ja, schon als ich mit ihr vor den Altar trat, trug ich den Zunder zu der glühendsten Leidenschaft für die zweite, die damals noch ein Kind und kaum vierzehn bis fünfzehn Jahre alt war (*Molly*), in meinem Herzen. Ich fühlte das wohl; allein aus ziemlicher Unbekanntschaft mit mir selbst hielt ich es (...) höchstens für einen kleinen Fieberanfall, der sich bald geben würde. Hätte ich nur einen halben Blick in die grausame Zukunft tun können, so wäre es Pflicht gewesen, selbst vor dem Altare vor dem Segensspruch noch zurückzutreten. Mein Fieber legte sich nicht, sondern wurde durch eine ganze Reihe von fast zehn Jahren immer heftiger, immer unauslöschlicher. In eben dem Maße, als ich liebte, wurde ich von der Höchstgeliebten wieder geliebt. (...) Im Jahre 1785 heiratete ich öffentlich und förmlich die Einzige Höchstgefeierte meines Herzens; allein nach kurzem glückseligen Besitze verlor ich auch sie (*nach dem Tod der Schwester*) am 9. Januar 1786 nach der Geburt der jüngsten Tochter an einem hektischen Fieber. (...) Seit dieser Zeit lebe ich einsam und traurig mit sehnendem Herzen.

Kann Elisen der Mann noch reizen, der so vor ihr dasteht?"

Er konnte. Bürgers Eitelkeit, auch die poetische, war angesprochen worden, eine Ehe kam recht bald zustande. Die

Hochzeit, über die man von Göttingen bis Stuttgart sprach, fand am 29.09.1790 statt, und die Ehe wurde 2 Jahre später geschieden. Elise mußte alle Schuld auf sich nehmen und auf eine weitere Eheschließung für immer verzichten.

Bevor es, angestoßen durch Elises Gedicht, zur Bekanntschaft und Ehe kam, entwickelte Bürger eine Art Kult um die „unbekannte Elise", deren Vornamen er sich erschlossen hatte.
*So in einem Brief an die Verlegersgattin der Zeitschrift*
(28.1.1790)
„Nun – ein kleines Licht ist mir, glaub′ ich, dennoch aufgegangen. Was wetten wir, ich weiß den Namen meines Liebchens wenigstens schon halb? – Tot, mausetot will ich mich schlagen lassen, wenn sie nicht – Elise heißt. In der Tat, ein schöner poetischer Name, der sich in meinen künftigen Versen noch recht hübsch ausnehmen soll. (...)

So abenteuerlich die Einleitung der Ehe begann, so fröhlich und ausgelassen genoß der ältliche junge Ehemann sein neues Leben. Dies zeigt sich beispielsweise in einem Scherzbrief an die Schwiegermutter in Stuttgart, den er als Beibrief den Zeilen der Tochter noch unbedingt anhängen wollte:

Heidelberg 20. Octbr. 1790
Elise: (...) „Bürger will auch noch schreiben, also adieu beste Mutter für heute!"
Bürger: „Liebes Mütterle, (...). Nun, du wüschtes Mütterle, wünsche ich, daß du recht übel leben und versichert sein magst, daß dies (oben Geschilderte) alles von Herzen erstunken und erlogen ist, ausgenommen daß ich bin dein Herzallerliebstes dich liebendes Söhnlein Bürgerlein."

# C. Werke

Horace Vernet (1789-1863): La ballade de Lénore (1839)

## BALLADEN

### Lenore

Lenore fuhr um's Morgenrot
Empor aus schweren Träumen:
„Bist untreu, Wilhelm, oder tot?
Wie lange willst du säumen?"
Er war mit König Friedrichs Macht
Gezogen in die Prager Schlacht,
Und hatte nicht geschrieben:
Ob er gesund geblieben.

Der König und die Kaiserin,
Des langen Haders müde,
Erweichten ihren harten Sinn,
Und machten endlich Friede;
Und jedes Heer, mit Sing und Sang,
Mit Paukenschlag und Kling und Klang,
Geschmückt mit grünen Reisern,
Zog heim zu seinen Häusern.

Und überall all überall,
Auf Wegen und auf Stegen,
Zog Alt und Jung dem Jubelschall
Der Kommenden entgegen.
Gottlob! rief Kind und Gattin laut,
Willkommen! manche frohe Braut.
Ach! aber für Lenoren
War Gruß und Kuß verloren.

Sie frug den Zug wohl auf und ab,
Und frug nach allen Namen;
Doch keiner war, der Kundschaft gab,

Von allen, so da kamen.
Als nun das Heer vorüber war,
Zerraufte sie ihr Rabenhaar,
Und warf sich hin zur Erde,
Mit wütiger Geberde.

Die Mutter lief wohl hin zu ihr:
„Ach, daß sich Gott erbarme!
Du trautes Kind, was ist mit dir?“
Und schloß sie in die Arme.
„O Mutter, Mutter! hin ist hin!
Nun fahre Welt und alles hin!
Bei Gott ist kein Erbarmen.
O weh, o weh mir Armen!“

„Hilf Gott, hilf! Sieh uns gnädig an!
Kind, bet' ein Vaterunser!
Was Gott thut, das ist wohlgethan.
Gott, Gott erbarmt sich Unser!“
„O Mutter, Mutter! Eitler Wahn!
Gott hat an mir nicht wohlgethan!
Was half, was half mein Beten?
Nun ist's nicht mehr vonnöten.“

„Hilf Gott, hilf! wer den Vater kennt,
Der weiß, er hilft den Kindern.
Das hochgelobte Sakrament
Wird deinen Jammer lindern.“
„O Mutter, Mutter! was mich brennt,
Das lindert mir kein Sakrament!
Kein Sakrament mag Leben
Den Toten wiedergeben.“

„Hör, Kind! wie, wenn der falsche Mann,
Im fernen Ungerlande,
Sich seines Glaubens abgethan,
Zum neuen Ehebande?
Laß fahren Kind, sein Herz dahin!
Er hat es nimmermehr Gewinn!
Wann Seel' und Leib sich trennen,
Wird ihn sein Meineid brennen."

„O Mutter, Mutter! Hin ist hin!
Verloren ist verloren!
Der Tod, der Tod ist mein Gewinn!
O wär' ich nie geboren!
Lisch aus, mein Licht, auf ewig aus!
Stirb hin, stirb hin in Nacht und Graus!
Bei Gott ist kein Erbarmen.
O weh, o weh mir Armen!"

„Hilf Gott, hilf! Geh nicht ins Gericht
Mit deinem armen Kinde!
Sie weiß nicht, was die Zunge spricht.
Behalt ihr nicht die Sünde!
Ach, Kind, vergiß dein irdisch Leid,
Und denk an Gott und Seligkeit!
So wird doch deiner Seelen
Der Bräutigam nicht fehlen."

„O Mutter! Was ist Seligkeit?
O Mutter! Was ist Hölle?
Bei ihm, bei ihm ist Seligkeit,
Und ohne Wilhelm Hölle!
Lisch aus, mein Licht, auf ewig aus!
Stirb hin, stirb hin in Nacht und Graus!

Ohn' ihn mag ich auf Erden,
Mag dort nicht selig werden."

So wütete Verzweifelung
Ihr in Gehirn und Adern.
Sie fuhr mit Gottes Vorsehung
Vermessen fort zu hadern;
Zerschlug den Busen, und zerrang
Die Hand, bis Sonnenuntergang,
Bis auf am Himmelsbogen
Die goldnen Sterne zogen.

Und außen, horch! ging's trap trap trap,
Als wie von Rosseshufen;
Und klirrend stieg ein Reiter ab,
An des Geländers Stufen;
Und horch! und horch! den Pfortenring
Ganz lose, leise, klinglingling!
Dann kamen durch die Pforte
Vernehmlich diese Worte:

„Holla, Holla! Thu auf mein Kind!
Schläfst, Liebchen, oder wachst du?
Wie bist noch gegen mich gesinnt?
Und weinest oder lachst du?"
„Ach, Wilhelm, du? – – So spät bei Nacht? – –
Geweinet hab' ich und gewacht;
Ach, großes Leid erlitten!
Wo kommst du hergeritten?"

„Wir satteln nur um Mitternacht.
Weit ritt ich her von Böhmen.
Ich habe spät mich aufgemacht,
Und will dich mit mir nehmen."

„Ach, Wilhelm, erst herein geschwind!
Den Hagedorn durchsaust der Wind,
Herein, in meinen Armen,
Herzliebster, zu erwarmen!"

„Laß sausen durch den Hagedorn,
Laß sausen, Kind, laß sausen!
Der Rappe scharrt; es klirrt der Sporn.
Ich darf allhier nicht hausen.
Komm, schürze, spring' und schwinge dich
Auf meinen Rappen hinter mich!
Muß heut noch hundert Meilen
Mit dir in's Brautbett' eilen."

„Ach! wolltest hundert Meilen noch
Mich heut in's Brautbett' tragen?
Und horch! es brummt die Glocke noch,
Die elf schon angeschlagen."
„Sieh hin, sieh her! der Mond scheint hell.
Wir und die Toten reiten schnell.
Ich bringe dich, zur Wette,
Noch heut ins Hochzeitbette."

„Sag an, wo ist dein Kämmerlein?
Wo? Wie dein Hochzeitbettchen?"
„Weit, weit von hier! – – Still, kühl und klein! – –
Sechs Bretter und zwei Brettchen!"
„Hat's Raum für mich?" – „für dich und mich!
Komm, schürze, spring' und schwinge dich!
Die Hochzeitgäste hoffen;
Die Kammer steht uns offen."

Schön Liebchen schürzte, sprang und schwang
Sich auf das Roß behende;

Wohl um den trauten Reiter schlang
Sie ihre Liljenhände;
Und hurre hurre, hop hop hop!
Ging's fort in sausendem Galopp,
Daß Roß und Reiter schnoben,
Und Kies und Funken stoben.

Zur rechten und zur linken Hand,
Vorbei vor ihren Blicken,
Wie flogen Anger, Heid' und Land!
Wie donnerten die Brücken!
„Graut Liebchen auch? – – Der Mond scheint hell!
Hurra! die Toten reiten schnell!
Graut Liebchen auch vor Toten?"
„Ach nein! – – Doch laß die Toten!" –

Was klang dort für Gesang und Klang?
Was flatterten die Raben?
Horch Glockenklang! horch Totensang:
„Laßt uns den Leib begraben!"
Und näher zog ein Leichenzug,
Der Sarg und Totenbahre trug.
Das Lied war zu vergleichen
Dem Unkenruf in Teichen.

„Nach Mitternacht begrabt den Leib,
Mit Klang und Sang und Klage!
Jetzt führ' ich heim mein junges Weib.
Mit, mit zum Brautgelage!
Komm, Küster, hier! Komm mit dem Chor,
Und gurgle mir das Brautlied vor!
Komm, Pfaff', und sprich den Segen,
Eh wir zu Bett' uns legen!"

Still Klang und Sang.
Die Bahre schwand.
Gehorsam seinem Rufen,
Kam's, hurre hurre! nachgerannt,
Hart hinter's Rappen Hufen.
Und immer weiter, hop hop hop!
Ging's fort in sausendem Galopp,
Daß Roß und Reiter schnoben,
Und Kies und Funken stoben.

Wie flogen rechts, wie flogen links,
Gebirge, Bäum' und Hecken!
Wie flogen links, und rechts, und links
Die Dörfer, Städt' und Flecken!
„Graut Liebchen auch? – – Der Mond scheint hell!
Hurra! die Toten reiten schnell!
Graut Liebchen auch vor Toten?"
„Ach! Laß sie ruhn, die Toten!" –

Sieh da! sieh da! Am Hochgericht
Tanzt' um des Rades Spindel
Halb sichtbarlich bei Mondenlicht,
Ein lustiges Gesindel.
„Sasa! Gesindel hier! Komm hier!
Gesindel, komm und folge mir!
Tanz' uns den Hochzeitreigen,
Wann wir zu Bette steigen!"

Und das Gesindel husch husch husch!
Kam hinten nachgeprasselt,
Wie Wirbelwind am Haselbusch
Durch dürre Blätter rasselt.
Und weiter, weiter, hop hop hop!
Ging's fort in sausendem Galopp,

Daß Roß und Reiter schnoben,
Und Kies und Funken stoben.

Wie flog, was rund der Mond beschien,
Wie flog es in die Ferne!
Wie flogen oben über hin
Der Himmel und die Sterne!
„Graut Liebchen auch? – – Der Mond scheint hell!
Hurra! die Toten reiten schnell!
Graut Liebchen auch vor Toten?"
„O weh! Laß ruhn die Toten!" – – –

„Rapp'! Rapp'! Mich dünkt der Hahn schon ruft. – –
Bald wird der Sand verrinnen
Rapp'! Rapp'! Ich wittre Morgenluft
Rapp'! Tummle dich von hinnen!
Vollbracht, vollbracht ist unser Lauf!
Das Hochzeitbette thut sich auf!
Die Toten reiten schnelle!
Wir sind, wir sind zur Stelle."

Rasch auf ein eisern Gitterthor
Ging's mit verhängtem Zügel.
Mit schwanker Gert' ein Schlag davor
Zersprengte Schloß und Riegel.
Die Flügel flogen klirrend auf,
Und über Gräber ging der Lauf.
Es blinkten Leichensteine
Rund um im Mondenscheine.

Ha sieh! Ha sieh! im Augenblick,
Huhu! ein gräßlich Wunder!
Des Reiters Koller, Stück für Stück,
Fiel ab, wie mürber Zunder.

Zum Schädel, ohne Zopf und Schopf,
Zum nackten Schädel ward sein Kopf;
Sein Körper zum Gerippe,
Mit Stundenglas und Hippe.

Hoch bäumte sich, wild schnob der Rapp',
Und sprühte Feuerfunken;
Und hui! war's unter ihr hinab
Verschwunden und versunken.
Geheul! Geheul aus hoher Luft,
Gewinsel kam aus tiefer Gruft.
Lenorens Herz, mit Beben,
Rang zwischen Tod und Leben.

Nun tanzten wohl bei Mondenglanz,
Rund um herum im Kreise,
Die Geister einen Kettentanz,
Und heulten diese Weise:
„Geduld! Geduld! Wenn's Herz auch bricht!
Mit Gott im Himmel hadre nicht!
Des Leibes bist du ledig;
Gott sei der Seele gnädig!"

## Der Ritter und sein Liebchen

Ein Ritter ritt einst in den Krieg,
Und als er seinen Hengst bestieg,
Umfing ihn sein fein's Liebchen:
„Leb wohl, du Herzensbübchen!
Leb wohl! Viel Heil und Sieg!

Komm fein bald wieder heim ins Land,
Daß uns umschling' ein schön'res Band,
Als Band von Gold und Seide:
Ein Band aus Lust und Freude,
Gewirkt von Priesterhand!"

„Ho, ho! Käm' ich auch wieder hier,
Du Närrchen du, was hülf' es dir?
Magst meinen Trieb zwar weiden;
Allein dein Band aus Freuden
Behagt mit nichten mir."

„O weh! so weid' ich deinen Trieb,
Und willst doch, falscher Herzensdieb,
Ins Ehband dich nicht fügen!
Warum mich denn betrügen,
Treuloser Unschuldsdieb?"

„Ho, ho! du Närrchen, welch ein Wahn!
Was ich that, hast du mitgethan.
Kein Schloß hab ich erbrochen,
Wann ich kam anzupochen,
So war schon aufgethan."

„O weh! So trugst du das im Sinn?
Was schmeichelst du mir um's Kinn?

Was mußtest du die Krone,
So zu Betrug und Hohne,
Mir aus den Locken ziehn?“

„Ho ho! Jüngst flog in jenem Hain
Ein kirres Täubchen zu mir ein.
Hätt’ ich es nicht gefangen,
So müßten mir entgangen
Verstand und Sinnen sein.“

D’rauf ritt der Ritter hop sa sa!
Und strich sein Bärtchen trallala!
Sein Liebchen sah ihn reiten,
Und hörte noch vom weiten
Sein Lachen ha ha ha!

Traut, Mädchen, leichten Rittern nicht!
Manch Ritter ist ein Bösewicht.
Sie löffeln wohl und wandern,
Von Einer zu der Andern,
Und freien Keine nicht.

## Das Lied vom braven Manne

Hoch klingt das Lied vom braven Mann,
Wie Orgelton und Glockenklang.
Wer hohes Muts sich rühmen kann,
Den lohnt nicht Gold, den lohnt Gesang.
Gottlob! daß ich singen und preisen kann:
Zu singen und preisen den braven Mann.

Der Tauwind kam vom Mittagsmeer,
Und schnob durch Welschland trüb' und feucht.
Die Wolken flogen vor ihm her,
Wie wann der Wolf die Herde scheucht.
Er fegte die Felder; zerbrach den Forst;
Auf Seen und Strömen das Grundeis borst.

Am Hochgebirge schmolz der Schnee,
Der Sturz von tausend Wassern scholl;
Das Wiesenthal begrub ein See;
Des Landes Heerstrom wuchs und schwoll;
Hoch rollten die Wogen, entlang ihr Gleis,
Und rollten gewaltige Felsen Eis.

Auf Pfeilern und auf Bogen schwer,
Aus Quaderstein von unten auf,
Lag eine Brücke d'rüber her;
Und mitten stand ein Häuschen d'rauf.
Hier wohnte der Zöllner, mit Weib und Kind.
„O Zöllner! o Zöllner! Entfleuch geschwind!"

Es dröhnt' und dröhnte dumpf heran,
Laut heulten Sturm und Wog' um's Haus.
Der Zöllner sprang zum Dach hinan,
Und blickt' in den Tumult hinaus.

„Barmherziger Himmel! Erbarme dich!
Verloren! Verloren! Wer rettet mich?“

Die Schollen rollten, Schuß auf Schuß,
Von beiden Ufern, hier und dort,
Von beiden Ufern riß der Fluß
Die Pfeiler sammt den Bogen fort.
Der bebende Zöllner, mit Weib und Kind,
Er heulte noch lauter, als Strom und Wind.

Die Schollen rollen, Stoß auf Stoß,
An beiden Enden, hier und dort,
Zerborsten und zertrümmert, schoß,
Ein Pfeiler nach dem andern fort.
Bald nahte der Mitte der Umsturz sich.
„Barmherziger Himmel! Erbarme dich!“ –

Hoch auf dem fernen Ufer stand
Ein Schwarm von Gaffern, groß und klein;
Und Jeder schrie und rang die Hand,
Doch mochte Niemand Retter sein.
Der bebende Zöllner, mit Weib und Kind,
Durchheulte nach Rettung den Strom und Wind.

Wann klingst du, Lied vom braven Mann,
Wie Orgelton und Glockenklang?
Wohlan! So nenn' ihn, nenn' ihn dann!
Wann nennst du ihn, mein schönster Sang?
Bald nahet der Mitte der Umsturz sich.
O braver Mann! braver Mann! zeige dich!

Rasch galoppiert' ein Graf hervor,
Auf hohem Roß ein edler Graf.
Was hielt des Grafen Hand empor?

Ein Beutel war es, voll und straff.
„Zweihundert Pistolen sind zugesagt
Dem, welcher die Rettung der Armen wagt."

Wer ist der Brave? Ist's der Graf?
Sag an, mein braver Sang, sag an!
Der Graf, beim höchsten Gott! war brav!
Doch weiß ich einen bravern Mann.
O braver Mann! braver Mann! Zeige dich!
Schon naht das Verderben sich fürchterlich.

Und immer höher schwoll die Flut;
Und immer lauter schnob der Wind;
Und immer tiefer sank der Mut.
O Retter! Retter! Komm geschwind!
Stets Pfeiler bei Pfeiler zerborst und brach.
Laut krachten und stürzten die Bogen nach.

„Hallo! Hallo! Frisch aufgewagt!"
Hoch hielt der Graf den Preis empor.
Ein Jeder hört's doch Jeder zagt,
Aus Tausenden tritt Keiner vor.
Vergebens durchheulte, mit Weib und Kind,
Der Zöllner nach Rettung den Strom und Wind.

Sieh, schlecht und recht, ein Bauersmann
Am Wanderstabe schritt daher,
Mit grobem Kittel angethan,
An Wuchs und Antlitz hoch und hehr.
Er hörte den Grafen; vernahm sein Wort;
Und schaute das nahe Verderben dort.

Und kühn in Gottes Namen, sprang
Er in den nächsten Fischerkahn;

Trotz Wirbel, Sturm, und Wogendrang,
Kam der Erretter glücklich an:
Doch wehe! der Nachen war allzuklein,
Der Retter von Allen zugleich zu sein.

Und dreimal zwang er seinen Kahn,
Trotz Wirbel, Sturm, und Wogendrang;
Und dreimal kam er glücklich an,
Bis ihm die Rettung ganz gelang.
Kaum kamen die Letzten in sichern Port;
So rollte das letzte Getrümmer fort.

Wer ist, wer ist der brave Mann?
Sag an, sag an, mein braver Sang!
Der Bauer wagt' ein Leben dran:
Doch that er's wohl um Goldesklang?
Denn spendete nimmer der Graf sein Gut;
So wagte der Bauer vielleicht kein Blut.

„Hier, rief der Graf, mein wackrer Freund!
Hier ist dein Preis! Komm her! Nimm hin!"
Sag an, war das nicht brav gemeint?
Bei Gott! der Graf trug hohen Sinn.
Doch höher und himmlischer, wahrlich! schlug
Das Herz, das der Bauer im Kittel trug.

„Mein Leben ist für Gold nicht feil.
Arm bin ich zwar, doch ess' ich satt.
Dem Zöllner werd' eur Gold zu teil,
Der Hab' und Gut verloren hat!"
So rief er, mit herzlichem Biederton,
Und wandte den Rücken und ging davon.

Hoch klingst du, Lied vom braven Mann,
Wie Orgelton und Glockenklang!
Wer solches Muts sich rühmen kann,
Den lohnt kein Gold, den lohnt Gesang.
Gottlob! daß ich singen und preisen kann,
Unsterblich zu preisen den braven Mann.

## Die Weiber von Weinsberg

Wer sagt mir an, wo Weinsberg liegt?
Soll sein ein wackres Städtchen,
Soll haben, fromm und klug gewiegt,
Viel Weiberchen und Mädchen.
Kömmt mir einmal das Freien ein,
So werd' ich eins aus Weinsberg frei'n.

Einsmals der Kaiser Konrad war
Dem guten Städtlein böse,
Und rückt' heran mit Kriegesschar
Und Reisigengetöse,
Umlagert' es, mit Roß und Mann,
Und schoß und rannte drauf und dran.

Und als das Städtlein widerstand,
Trotz allen seinen Nöten,
Da ließ er, hoch von Grimm entbrannt,
Den Herold 'nein trompeten:
Ihr Schurken, komm' ich 'nein, so, wißt,
Soll hängen, was die Wand bepißt.

Drob, als er den Avis also
Hinein trompeten lassen,
Gab's lautes Zetermordio,
Zu Haus und auf den Gassen.
Das Brot war teuer in der Stadt;
Doch teurer noch war guter Rat.

„O weh, mir armen Korydon!
O weh mir! die Pastores
Schrie'n: Kyrie Eleison!
Wir gehn, wir gehn kapores!

O weh, mir armen Korydon!
Es juckt mir an der Kehle schon.“

Doch wann's Matthä' am letzten ist,
Trotz Raten, Thun und Beten,
So rettet oft noch Weiberlist
Aus Ängsten und aus Nöten.
Denn Pfaffentrug und Weiberlist
Gehn über alles, wie ihr wißt.

Ein junges Weibchen Lobesan,
Seit gestern erst getrauet,
Gibt einen klugen Einfall an,
Der alles Volk erbauet;
Den ihr, sofern ihr anders wollt,
Belachen und beklatschen sollt.

Zur Zeit der stillen Mitternacht
Die schönste Ambassade
Von Weibern sich ins Lager macht,
Und bettelt dort um Gnade.
Sie bettelt sanft, sie bettelt süß,
Erhält doch aber nichts, als dies:

„Die Weiber sollten Abzug han,
Mit ihren besten Schätzen,
Was übrig bliebe, wollte man
Zerhauen und zerfetzen.“
Mit der Kapitulation
Schleicht die Gesandtschaft trüb' davon.

Drauf, als der Morgen bricht hervor,
Gebt Achtung! Was geschiehet?
Es öffnet sich das nächste Thor,

Und jedes Weibchen ziehet,
Mit ihrem Männchen schwer im Sack',
So war ich lebe! Huckepack.

Manch Hofschranz suchte zwar sofort
Das Kniffchen zu vereiteln;
Doch Konrad sprach: „Ein Kaiserwort
Soll man nicht dreh'n noch deuteln.
Ha bravo! rief er, bravo so!
Meint' unsre Frau es auch nur so!"

Er gab Pardon und ein Bankett,
Den Schönen zu gefallen.
Da ward gegeigt, da ward trompet't,
Und durchgetanzt mit allen,
Wie mit der Burgemeisterin,
So mit der Besembinderin.

Ei! sagt mir doch, wo Weinsberg liegt?
Ist gar ein wackres Städtchen.
Hat, treu und fromm und klug gewiegt,
Viel Weiberchen und Mädchen.
Ich muß, kömmt mir das Freien ein,
Führwahr! muß Eins aus Weinsberg frei'n.

## GEDICHTE

### Mollys Wert

Ach, könnt' ich Molly kaufen
Für Gold und Edelstein,
Und hätte große Haufen;
Die sollten mich nicht reu'n.
Zwar wühlt sich's hübsch im Golde;
Wohl dem, der wühlen kann!
Doch ohne sie, die Holde,
Was hätt' ich Frohes d'ran?

Ja, wenn ich der Regente
Von ganz Europa wär',
Und Molly kaufen könnte;
So gäb ich alles her.
Vor Städten, Schlössern, Thronen,
Und mancher fetten Flur,
Wählt' ich mit ihr zu wohnen,
Ein Gartenhüttchen nur.

Mein liebes Leben enden
Darf nur der Herr der Welt.
Doch dürft' ich es verspenden,
So wie mein Gut und Geld;
So gäb' ich gern, ich schwöre!
Für jeden Tag ein Jahr,
Da sie mein eigen wäre,
Mein eigen ganz und gar.

## Lust am Liebchen

Wie selig, wer sein Liebchen hat,
Wie selig lebt der Mann!
Er lebt, wie in der Kaiserstadt
Kein Graf und Fürst es kann.

Ihm scheinet seiner Seligkeit
Kein Preis auf Erden gleich.
Selbst arm bis auf den letzten Deut,
Dünkt er sich krösusreich.

Die Welt mag laufen, oder stehn;
Und alles mag rund um
Kopf unten oder oben gehn!
Was kümmert er sich d'rum?

Hui! ist sein Wort zu Strom und Wind,
Wer macht aus euch sich was?
Nichts mehr, als wehen kann der Wind,
Und Regen macht nur naß.

Gram, Sorg' und Grille sind ihm Spott;
Er fühlt sich frei und froh,
Und kräht, vergnügt in seinem Gott,
In dulci Jubilo.

Durch seine Adern kreiset frisch
Und ungehemmt sein Blut.
Gesunder ist er, wie ein Fisch,
In seiner klaren Flut.

Ihm schmeckt sein Mahl; er schlummert süß
Bei federleichtem Sinn,

Und träumt sich in ein Paradies
Mit seiner Eva hin.

In Götterfreuden schwimmt der Mann,
Die kein Gedanke mißt,
Der singen oder sagen kann,
Daß ihn sein Liebchen küßt.

Doch ach! was sing' ich in den Wind,
Und habe selber keins?
O Evchen, Evchen, komm geschwind,
O komm und werde meins!

## Zechlied

Ich will einst, bei Ja und Nein!
Vor dem Zapfen sterben.
Alles, meinen Wein nur nicht,
Lass' ich frohen Erben.
Nach der letzten Ölung soll
Hefen noch mich färben.
Dann zertrümmre mein Pokal
In zehntausend Scherben!

Jedermann hat von Natur
Seine sondre Weise.
Mir gelinget jedes Werk
Nur nach Trank und Speise.
Speis' und Trank erhalten mich
In dem rechten Gleise.
Wer gut schmiert, der fährt auch gut.
Auf der Lebensreise.

Ich bin gar ein armer Wicht,
Bin die feigste Memme,
Halten Durst und Hungerqual
Mich in Angst und Klemme.
Schon ein Knäbchen schüttelt mich,
Was ich auch mich stemme.
Einem Riesen halt' ich Stand,
Wann ich zech' und schlemme.

Ächter Wein ist ächtes Öl
Zur Verstandeslampe;
Gibt der Seele Kraft und Schwung
Bis zum Sternenkampe.
Witz und Weisheit dunsten auf

Aus gefüllter Wampe.
Baß glückt Harfenspiel und Sang,
Wann ich brav schlampampe.

Nüchtern bin ich immerdar
Nur ein Harfenstümper.
Mir erlahmen Hand und Griff,
Welken Haupt und Wimper.
Wann der Wein in Himmelsklang
Wandelt mein Geklimper,
Sind Homer und Ossian
Gegen mich nur Stümper.

Nimmer hat durch meinen Mund
Hoher Geist gesungen,
Bis ich meinen lieben Bauch
Weidlich vollgeschlungen.
Wann mein Kapitolium
Bacchus Kraft erschwungen,
Sing' und red' ich wundersam
Gar in fremden Zungen.

D'rum will ich, bei Ja und Nein!
Vor dem Zapfen sterben.
Nach der letzten Ölung soll
Hefen noch mich färben.
Engelchöre weihen dann
Mich zum Nektarerben:
„Diesen Trinker gnade Gott!
Lass' ihn nicht verderben!"

## Trinklied

Füllt Becher und Glas
Mit reichlichem Maß!
Trinkt, Brüder!
Füllt wieder
Und leeret das Faß!

Mit Myrten umlaubt
Und Rosen das Haupt,
Weil Kränze
Dem Lenze
Kein Winter noch raubt.

Die Jugend verfliegt,
Die Freude versiegt.
Drum kommet,
Es frommet,
Und trinkt euch vergnügt!

Der Fröhlichkeit Wert
Hat Flaccus gelehrt.
Seid fröhlich
Und selig,
Wie er es begehrt.

Anakreon hold
Des Traubengotts Sold
Lobtönet,
Bekrönet,
Auf Saiten von Gold.

Der rüstige Held
Entschleichet dem Feld,

Der Weise
Schleicht leise
Zu Libern ins Zelt.

Von Hallifax an
Bis nach Indostan,
Von Lappland
Bis Kapland,
Wo leugnet's ein Mann,

Daß Bassareus' Kraft
Durch zaub'rischen Saft
Der Reben
Das Leben
Zum Himmel umschafft?

Seit Adam bis jetzt
War's feste gesetzt:
Alleine
Mit Weine
Wird's Leben geletzt.

Auch denke ich schier
Das Paradies mir
Als hohes
Und frohes
Tokayer Revier.

Hell blinkt der Pokal.
Auf, trinket einmal!
Mit Sange,
Mit Klange
Belebet den Saal!

Münchhausen:
Motiv vom Hirsch mit Kirschbaum; Kupferstich von Ernst Ludwig Riepenhausen (1765-1840)

# MÜNCHHAUSEN-AUSWAHL

## Erstes Kapitel
## Reise nach Rußland und St. Petersburg

Ich trat meine Reise nach Rußland von Haus ab mitten im Winter an, weil ich ganz richtig schloß, daß Frost und Schnee die Wege durch die nördlichen Gegenden von Deutschland, Polen, Kur- und Livland, welche nach der Beschreibung aller Reisenden fast noch elender sind als die Wege nach dem Tempel der Tugend, endlich, ohne besondere Kosten hochpreislicher, wohlfürsorgender Landesregierungen, ausbessern müßte. Ich reisete zu Pferde, welches, wenn es sonst nur gut um Gaul und Reiter steht, die bequemste Art zu reisen ist. Denn man riskiert alsdann weder mit irgendeinem höflichen deutschen Postmeister eine Affaire d'honneur *(Ärger bzw. wörtl.: Ehrenhandel)* zu bekommen, noch von seinem durstigen Postillion vor jede Schenke geschleppt zu werden. Ich war nur leicht bekleidet, welches ich ziemlich übel empfand, je weiter ich gegen Nordost hin kam.

Nun kann man sich einbilden, wie bei so strengem Wetter, unter dem rauhesten Himmelsstriche, einem armen, alten Manne zumute sein mußte, der in Polen auf einem öden Anger, über den der Nordost hinschnitt, hilflos und schaudernd dalag und kaum hatte, womit er seine Schamblöße bedecken konnte.

Der arme Teufel dauerte mir von ganzer Seele. Ob mir gleich selbst das Herz im Leibe fror, so warf ich dennoch meinen Reisemantel über ihn her. Plötzlich erscholl eine Stimme vom Himmel, die dieses Liebeswerk ganz ausnehmend herausstrich und mir zurief: „Hol' mich der Teufel, mein Sohn, das soll dir nicht unvergolten bleiben!"

Ich ließ das gut sein und ritt weiter, bis Nacht und Dunkelheit mich überfielen. Nirgends war ein Dorf zu hören noch zu sehen. Das ganze Land lag unter Schnee; und ich wußte weder Weg noch Steg.

Des Reitens müde, stieg ich endlich ab und band mein Pferd an eine Art von spitzem Baumstaken, der über dem Schnee hervorragte. Zur Sicherheit nahm ich meine Pistolen unter den Arm, legte mich nicht weit davon in den Schnee nieder und tat ein so gesundes Schläfchen, daß mir die Augen nicht eher wieder aufgingen, als bis es heller lichter Tag war. Wie groß war aber mein Erstaunen, als ich fand, daß ich mitten in einem Dorf auf dem Kirchhofe lag! Mein Pferd war anfänglich nirgends zu sehen; doch hörte ichs bald darauf irgendwo über mir wiehern. Als ich nun emporsah, so wurde ich gewahr, daß es an den Wetterhahn des Kirchturms gebunden war und von da herunterhing. Nun wußte ich sogleich, wie ich dran war. Das Dorf war nämlich die Nacht über ganz zugeschneiet gewesen; das Wetter hatte sich auf einmal umgesetzt, ich war im Schlafe nach und nach, so wie der Schnee zusammengeschmolzen war, ganz sanft herabgesunken, und was ich in der Dunkelheit für den Stummel eines Bäumchens, der über dem Schnee hervorragte, gehalten und daran mein Pferd gebunden hatte, das war das Kreuz oder der Wetterhahn des Kirchturmes gewesen.

Ohne mich nun lange zu bedenken, nahm ich eine von meinen Pistolen, schoß nach dem Halfter, kam glücklich auf die Art wieder an mein Pferd und verfolgte meine Reise.

Hierauf ging alles gut, bis ich nach Rußland kam, wo es eben nicht Mode ist, des Winters zu Pferde zu reisen. Wie es nun immer meine Maxime (*Grundsatz*) ist, mich nach dem Bekannten „ländlich sittlich" zu richten, so nahm ich dort einen kleinen Rennschlitten auf ein einzelnes Pferd und fuhr wohlgemut auf St. Petersburg los. Nun weiß ich nicht mehr recht, ob es in Estland oder in Ingermanland (*Landschaft am Finnischen Meerbusen*) war, so viel aber besinne ich mich noch wohl, es war mitten in einem fürchterlichen Walde, als ich einen entsetzlichen Wolf mit aller Schnelligkeit des gefräßigsten Winterhungers hinter mir ansetzen sah. Er holte mich bald ein; und es war schlechterdings unmöglich, ihm zu entkommen. Mechanisch legte ich mich platt in den Schlitten nieder und ließ mein Pferd zu unserm beiderseitigen Besten ganz allein agieren. Was ich zwar vermutete, aber kaum zu hoffen und zu erwarten wagte, das geschah gleich nachher. Der Wolf bekümmerte sich nicht im mindesten um meine Wenigkeit, sondern sprang über mich hinweg, fiel wütend auf das Pferd, riß ab und verschlang auf einmal den ganzen Hinterteil des armen Tieres, welches vor Schrecken und Schmerz nur desto schneller lief. Wie ich nun auf die Art selbst so unbemerkt und gut davongekommen war, so erhob ich ganz verstohlen mein Gesicht und nahm mit Entsetzen wahr, daß der Wolf sich beinahe über und über in das Pferd hineingefressen hatte. Kaum aber hatte er sich so hübsch hineingezwänget, so nahm ich mein Tempo wahr und fiel ihm tüchtig mit meiner Peitschenschnur auf das Fell. Solch ein unerwarteter Überfall in diesem Futteral verursachte ihm keinen geringen Schreck; er strebte mit aller Macht vorwärts, der Leichnam des Pferdes fiel zu Boden, und siehe, an seiner Statt steckte mein Wolf in dem Geschirre. Ich meines Orts hörte nun noch weniger auf zu peitschen, und wir langten in vollem Galopp gesund und wohlbehalten in St. Petersburg an, ganz gegen unsere beiderseitigen respektiven Erwartungen und zu nicht geringem Erstaunen aller Zuschauer.

Ich will Ihnen, meine Herren, mit Geschwätz von der Verfassung, den Künsten, Wissenschaften und andern Merkwürdigkeiten dieser prächtigen Hauptstadt Rußlands keine Langeweile machen, viel weniger Sie mit allen Intrigen und lustigen Abenteuern der Gesellschaften vom Bonton (*die Vornehmen*), wo die Frau vom Hause den Gast allezeit mit einem Schnaps und Schmatz empfängt, unterhalten. Ich halte mich vielmehr an größere und edlere Gegenstände Ihrer Aufmerksamkeit, nämlich an Pferde und Hunde, wovon ich immer ein großer Freund gewesen bin; ferner an Füchse, Wölfe und Bären, von welchen, so wie von anderm Wildbret, Rußland einen größern Überfluß als irgendein Land auf Erden hat; endlich an solche Lustpartien, Ritterübungen und preisliche Taten, welche den Edelmann besser kleiden als ein bißchen muffiges Griechisch und Latein oder alle Riechsächelchen, Klunkern und Kapriolen französischer Schöngeister und Haarkräuseler.

Da es einige Zeit dauerte, ehe ich bei der Armee angestellt werden konnte, so hatte ich ein paar Monate lang vollkommene Muße und Freiheit, meine Zeit sowohl als auch mein Geld auf die adeligste Art von der Welt zu verjunkerieren. Manche Nacht wurde beim Spiele zugebracht und viele bei dem Klange voller Gläser. Die Kälte des Landes und die Sitten der Nation haben der Bouteille (= *Alkohol*) unter den gesellschaftlichen Unterhaltungen in Rußland einen viel höhern Rang angewiesen als in unserm nüchternen Deutschlande; und ich habe daher dort häufig Leute gefunden, die in der edlen Kunst zu trinken für wahre Virtuosen gelten konnten. Alle waren aber elende Stümper gegen einen graubartigen, kupferfarbigen General, der mit uns an dem öffentlichen Tische speisete. Der alte Herr, der seit einem Gefechte mit den Türken die obere Hälfte seines Hirnschädels vermißte und daher, sooft ein Fremder in die Gesellschaft kam, sich mit der artigsten Treuherzigkeit entschuldigte, daß er an der Tafel seinen Hut aufbehalten müsse, pflegte immer während dem Essen einige Flaschen Weinbranntwein zu leeren und dann gewöhnlich mit einer Bouteille Arrak den Beschluß oder nach Umständen einige Male da capo (*wiederholen*) zu machen; und doch konnte man nicht ein einziges Mal auch nur so viel Betrunkenheit an ihm merken. Die Sache übersteigt Ihren Glauben. Ich verzeihe es Ihnen, meine Herren; sie überstieg auch meinen Begriff. Ich wußte lange nicht, wie ich sie mir erklären sollte, bis ich ganz von ungefähr den Schlüssel fand. Der General pflegte von Zeit zu Zeit seinen Hut etwas aufzuheben.

Dies hatte ich oft gesehen, ohne daraus nur Arg zu haben. Daß es ihm warm vor der Stirne wurde, war natürlich, und daß er dann seinen Kopf lüftete, nicht minder. Endlich aber sah ich, daß er zugleich mit seinem Hute eine an demselben befestigte silberne Platte aufhob, die ihm statt des Hirnschädels diente, und daß alsdann immer aller Dunst der geistigen Getränke, die er zu sich genommen hatte, in einer leichten Wolke in die Höhe stieg. Nun war auf einmal das Rätsel gelöset. Ich sagte es ein paar guten Freunden und erbot mich, da es gerade Abend war, als ich die Bemerkung machte, die Richtigkeit derselben sogleich durch einen Versuch zu beweisen. Ich trat nämlich mit meiner Pfeife hinter den General und zündete, gerade als er den Hut niedersetzte, mit etwas Papier die aufsteigenden Dünste an; und nun sahen wir ein ebenso neues als schönes Schauspiel. Ich hatte in einem Augenblicke die Wolkensäule über dem Haupte unsers Helden in eine Feuersäule verwandelt, und derjenige Teil der Dünste, der sich noch zwischen den Haaren des Hutes verweilte, bildete in dem schönsten blauen Feuer einen Nimbus, prächtiger, als irgendeiner den Kopf des größten Heiligen umleuchtet hat. Mein Experiment konnte dem General nicht verborgen bleiben; er war aber so wenig ungehalten darüber, daß er uns vielmehr noch manchmal erlaubte, einen Versuch zu wiederholen, der ihm ein so erhabenes Ansehen gab.

## Zweites Kapitel
## Jagdgeschichten

Ich übergehe manche lustige Auftritte, die wir bei dergleichen Gelegenheiten hatten, weil ich Ihnen noch verschiedene Jagdgeschichten zu erzählen gedenke, die mir merkwürdiger und unterhaltender scheinen. Sie können sich leicht vorstellen, meine Herren, daß ich mich immer vorzüglich zu solchen wackern Kumpanen hielt, welche ein offenes, unbeschränktes Waldrevier gehörig zu schätzen wußten. Sowohl die Abwechselung des Zeitvertreibes, welchen dieses mir darbot, als auch das außerordentliche Glück, womit mir jeder Streich gelang, gereichen mir noch immer zur angenehmsten Erinnerung.
Eines Morgens sah ich durch das Fenster meines Schlafgemachs, daß ein großer Teich, der nicht weit davon lag, mit wilden Enten gleichsam überdeckt war. Flugs nahm ich mein Gewehr aus dem Winkel, sprang zur Treppe hinab, und das so über Hals und Kopf, daß ich unvorsichtigerweise mit dem

Gesichte gegen die Türpfoste rennte. Feuer und Funken stoben mir aus den Augen; aber das hielt mich keinen Augenblick zurück. Ich kam bald zum Schuß; allein wie ich anlegte, wurde ich zu meinem großen Verdrusse gewahr, daß durch den soeben empfangenen heftigen Stoß sogar der Stein von dem Flintenhahne abgesprungen war. Was sollte ich nun tun? Denn Zeit war hier nicht zu verlieren. Glücklicherweise fiel mir ein, was sich soeben mit meinen Augen zugetragen hatte. Ich riß also die Pfanne auf, legte mein Gewehr gegen das wilde Geflügel an und ballte die Faust gegen eins von meinen Augen. Von einem derben Schlage flogen wieder Funken genug heraus, der Schuß ging los, und ich traf fünf Paar Enten, vier Rothälse und ein Paar Wasserhühner. Gegenwart des Geistes ist die Seele mannhafter Taten. Wenn Soldaten und Seeleute öfters dadurch glücklich davonkommen, so dankt der Weidmann ihr nicht seltener sein gutes Glück.

So schwammen einst auf einem Landsee, an welchen ich auf einer Jagdstreiferei geriet, einige Dutzend wilder Enten allzuweit voneinander zerstreut umher, als daß ich mehr denn eine einzige auf einen Schuß zu erlegen hoffen konnte; und zum Unglück hatte ich meinen letzten Schuß schon in der Flinte. Gleichwohl hätte ich sie gern alle gehabt, weil ich nächstens eine ganze Menge guter Freunde und Bekannten bei mir zu bewirten willens war. Da besann ich mich auf ein Stückchen Schinkenspeck, welches von meinem mitgenommenen Mundvorrat in meiner Jagdtasche noch übriggeblieben war. Dies befestigte ich an eine ziemlich lange Hundeleine, die ich aufdrehete und so wenigstens noch um viermal verlängerte. Nun verbarg ich mich im Schilfgesträuch am Ufer, warf meinen Speckbrocken aus und hatte das Vergnügen, zu sehen, wie die nächste Ente hurtig herbeischwamm und ihn verschlang. Der ersten folgten bald alle übrigen nach, und da der glatte Brocken am Faden gar bald unverdaut hinten wieder herauskam, so verschlang ihn die nächste, und so immer weiter. Kurz, der Brocken machte die Reise durch alle Enten samt und sonders hindurch, ohne von seinem Faden loszureißen. So saßen sie denn alle daran wie Perlen an der Schnur. Ich zog sie gar allerliebst ans Land, schlang mir die Schnur ein halbes Dutzend mal um Schultern und Leib und ging meines Weges nach Hause zu. Da ich noch eine ziemliche Strecke davon entfernt war und mir die Last von einer solchen Menge Enten ziemlich beschwerlich fiel, so wollte es mir fast leid tun, ihrer allzu viele eingefangen zu haben. Da kam mir aber ein seltsamer Vorfall zustatten, der mich anfangs in nicht geringe Verlegenheit setzte. Die Enten waren nämlich noch alle lebendig, fingen, als sie von der ersten Bestürzung sich erholt hatten, gar mächtig an mit den Flügeln zu schlagen und sich mit mir hoch in die Luft zu erheben. Nun wäre bei manchem wohl guter Rat teuer gewesen. Allein ich benutzte diesen Umstand, so gut ich konnte, zu meinem Vorteil und ruderte mich mit meinen Rockschößen nach der Gegend meiner Behausung durch die Luft. Als ich nun gerade über meiner Wohnung angelangt war und es darauf ankam, ohne Schaden mich herunterzulassen, so drückte ich einer Ente nach der andern den Kopf ein, sank dadurch ganz sanft und allmählich gerade durch den Schornstein meines Hauses mitten auf den Küchenherd, auf welchem zum Glück noch kein Feuer angezündet war, zu nicht geringem Schreck und Erstaunen meines Koches.

Einen ähnlichen Vorfall hatte ich einmal mit einer Kette Hühner. Ich war ausgegangen, um eine neue Flinte zu probieren, und hatte meinen kleinen Vorrat von Hagel (= *Schrot*) ganz und gar verschossen, als wider alles Vermuten vor meinen Füßen eine Flucht Hühner aufging. Der Wunsch, einige derselben abends auf meinem Tische zu sehen, brachte mich auf einen Einfall, von dem Sie, meine Herren, auf mein Wort, im Falle der Not Gebrauch machen können. Sobald ich gesehen hatte, wo sich die Hühner niederließen, lud ich hurtig mein Gewehr und setzte statt des Schrotes den Ladstock auf, den ich, so gut sichs in der Eile tun ließ, an dem obern Ende etwas zuspitzte. Nun ging ich auf die Hühner zu, drückte, sowie sie aufflogen, ab und hatte das Vergnügen, zu sehen, daß mein Ladstock mit sieben Stücken, die sich wohl wundern mochten, so früh am Spieße vereinigt zu werden, in einiger Entfernung allmählich heruntersank. Wie gesagt, man muß sich nur in der Welt zu helfen wissen.

Ein anderes Mal stieß mir in einem ansehnlichen Walde von Rußland ein wunderschöner schwarzer Fuchs auf. Es wäre jammerschade gewesen, seinen kostbaren Pelz mit einem Kugel- oder Schrotschusse zu durchlöchern. Herr Reineke stand dicht bei einem Baume. Augenblicklich zog ich meine Kugel aus dem Laufe, lud dafür einen tüchtigen Brettnagel in mein Gewehr, feuerte und traf so künstlich, daß ich seine Lunte (*Fuchsschwanz*) fest an den Baum nagelte. Nun ging ich ruhig zu ihm hin, nahm mein Weidmesser, gab ihm einen Kreuzschnitt übers Gesicht, griff nach meiner Peitsche und karbatschte ihn so artig aus seinem schönen Pelze heraus, daß es eine wahre Lust und ein rechtes Wunder zu sehen war.

Zufall und gutes Glück machen oft manchen Fehler wieder gut. Davon erlebte ich bald nach diesem ein Beispiel, als ich mitten im tiefsten Walde einen wilden Frischling und eine Bache dicht hintereinander hertraben sah. Meine Kugel hatte gefehlt. Gleichwohl lief der Frischling vorn ganz allein weg, und die Bache blieb stehen, ohne Bewegung, als ob sie an den Boden festgenagelt gewesen wäre. Wie ich das Ding näher untersuchte, so fand ich, daß es eine blinde Bache war, die ihres Frischlings Schwänzlein im Rachen hielt, um von ihm aus kindlicher Pflicht fürbaß geleitet zu werden. Da nun meine Kugel zwischen beiden hindurchgefahren war, so hatte sie diesen Leitzaum zerrissen, wovon die alte Bache das eine Ende noch immer kauete. Da nun ihr Leiter sie nicht weiter vorwärts gezogen hatte, so war sie stehengeblieben. Ich ergriff daher das übriggebliebene Endchen von des Frischlings

Schwanze und leitete daran das alte hilflose Tier ganz ohne Mühe und Widerstand nach Hause.

So fürchterlich diese wilden Bachen oft sind, so sind die Keiler doch weit grausamer und gefährlicher. Ich traf einst einen im Walde an, als ich unglücklicherweise weder auf Angriff noch Verteidigung gefaßt war. Mit genauer Not konnte ich noch hinter einen Baum schlüpfen, als die wütende Bestie aus Leibeskräften einen Seitenhieb nach mir tat. Dafür fuhren aber auch seine Hauer dergestalt in den Baum hinein, daß er weder imstande war, sie sogleich wieder herauszuziehen, noch den Hieb zu wiederholen. „Haha!", dachte ich, „nun wollen wir dich bald kriegen!" Flugs nahm ich einen Stein, hammerte noch vollends damit drauflos und nietete seine Hauer dergestalt um, daß er ganz und gar nicht wieder loskommen konnte. So mußte er sich denn nun gedulden, bis ich vom nächsten Dorfe Karren und Stricke herbeigeholet hatte, um ihn lebendig und wohlbehalten nach Hause zu schaffen, welches auch ganz vortrefflich vonstatten ging.

Sie haben unstreitig, meine Herren, von dem Heiligen und Schutzpatron der Weidmänner und Schützen, St. Hubert, nicht minder auch von dem stattlichen Hirsche gehört, der ihm einst im Walde aufstieß und welcher das heilige Kreuz zwischen seinem Geweihe trug. Diesem Sankt habe ich noch alle Jahre mein Opfer in guter Gesellschaft dargebracht und den Hirsch wohl tausendmal sowohl in Kirchen abgemalt als auch in die Sterne seiner Ritter gestickt gesehen, so daß ich auf Ehre und Gewissen eines braven Weidmanns kaum zu sagen weiß, ob es entweder nicht vorzeiten solche Kreuzhirsche gegeben habe oder wohl gar noch heutigestages gebe. Doch lassen Sie sich vielmehr erzählen, was ich mit meinen eigenen Augen sah. Einst, als ich alle mein Blei verschossen hatte, stieß mir ganz wider mein Vermuten der stattlichste Hirsch von der Welt auf. Er blickte mir so mir nichts dir nichts ins Auge, als ob ers auswendig gewußt hätte, daß mein

Beutel leer war. Augenblicklich lud ich indessen meine Flinte mit Pulver und darüberher eine ganze Handvoll Kirschsteine, wovon ich, so hurtig sich das tun ließ, das Fleisch abgesogen hatte. Und so gab ich ihm die volle Ladung mitten auf seine Stirn zwischen das Geweihe. Der Schuß betäubte ihn zwar er taumelte , machte sich aber doch aus dem Staube. Ein oder zwei Jahre darnach war ich in eben demselben Walde auf der Jagd; und siehe, zum Vorschein kam ein stattlicher Hirsch, mit einem vollausgewachsenen Kirschbaume, mehr denn zehn Fuß hoch, zwischen seinem Geweihe. Mir fiel gleich mein voriges Abenteuer wieder ein; ich betrachtete den Hirsch als mein längst wohlerworbenes Eigentum und legte ihn mit einem Schusse zu Boden, wodurch ich denn auf einmal an Braten und Kirschtunke zugleich geriet. Denn der Baum hing reichlich voll Früchte, die ich in meinem ganzen Leben so delikat nicht gegessen hatte. Wer kann nun wohl sagen, ob nicht irgendein passionierter heiliger Weidmann, ein jagdlustiger Abt oder Bischof, das Kreuz auf eine ähnliche Art durch einen Schuß auf St. Huberts Hirsch zwischen das Gehörne gepflanzt habe? Denn diese Herren waren ja von je und je wegen ihres Kreuz- und Hörnerpflanzens berühmt und sind es zum Teil noch bis auf den heutigen Tag. Im Falle der Not, und wenn es Aut oder Naut (*alles oder nichts)* gilt, welches einem braven Weidmanne nicht selten begegnet, greift er lieber wer weiß wozu und versucht eher alles, als daß er sich die günstige Gelegenheit entwischen läßt. Ich habe mich manches liebes Mal selbst in einer solchen Lage der Versuchung befunden.

Was sagen Sie zum Exempel von folgendem Kasus (*Fall*)? Mir waren einmal Tageslicht und Pulver in einem polnischen Walde ausgegangen. Als ich nach Hause ging, fuhr mir ein ganz entsetzlicher Bär mit offenem Rachen, bereit mich zu verschlingen, auf den Leib. Umsonst durchsuchte ich in der Hast alle meine Taschen nach Pulver und Blei. Nichts fand ich als zwei

Flintensteine, die man auf einen Notfall wohl mitzunehmen pflegt. Davon warf ich einen aus aller Macht in den offenen Rachen des Ungeheuers, ganz seinen Schlund hinab. Wie ihm das nun nicht allzuwohl deuchten mochte, so machte mein Bär linksum, so daß ich den andern nach der Hinterpforte schleudern konnte. Wunderbar und herrlich ging alles vonstatten. Der Stein fuhr nicht nur hinein, sondern auch mit dem andern Steine dergestalt zusammen, daß es Feuer gab und den Bär mit einem gewaltigen Knalle auseinandersprengte. Man sagt, daß so ein wohlapplizierter Stein a posteriori (*von hinten*), besonders wenn er mit einem a priori (*von vorne*) recht zusammenfuhr, schon manchen bärbeißigen Gelehrten und Philosophen in die Luft sprengte. Ob ich nun gleich dasmal mit heiler Haut davonkam, so möchte ich das Stückchen doch eben nicht noch einmal machen oder mit einem Bär ohne andre Verteidigungsmittel anbinden.

Es war aber gewissermaßen recht mein Schicksal, daß die wildesten und gefährlichsten Bestien mich gerade alsdann angriffen, wenn ich außerstande war, ihnen die Spitze zu bieten, gleichsam als ob ihnen der Instinkt meine Wehrlosigkeit verraten hätte. So hatte ich einst gerade den Stein von meiner Flinte abgeschraubt, um ihn etwas zu schärfen, als plötzlich ein schreckliches Ungeheuer von einem Bären gegen mich anbrummte. Alles was ich tun konnte, war, mich eiligst auf einen Baum zu flüchten, um dort mich zur Verteidigung zu rüsten. Unglücklicherweise aber fiel mir während des Hinaufkletterns mein Messer, das ich eben gebraucht hatte, heruntern, und nun hatte ich nichts, um die Schraube, die sich ohnedies sehr schwer drehen ließ, zu schließen. Unten am Baume stand der Bär, und mit jedem Augenblicke mußte ich erwarten, daß er mir nachkommen würde. Mir Feuer aus den Augen zu schlagen, wie ich wohl ehemals getan hatte, wollte ich nicht gerne versuchen, weil mir, anderer Umstände, die im Wege standen, nicht zu gedenken, jenes Experiment heftige Augenschmerzen

zugezogen hatte, die noch nicht ganz vergangen waren. Sehnlich blickte ich nach meinem Messer, das unten senkrecht im Schnee steckte; aber die sehnsuchtsvollsten Blicke machten die Sache nicht um ein Härchen besser. Endlich kam ich auf einen Gedanken, der so sonderbar als glücklich war. Ich gab dem Strahle desjenigen Wassers, von dem man bei großer Angst immer großen Vorrat hat, eine solche Richtung, daß es gerade auf das Heft meines Messers traf. Die fürchterliche Kälte, die eben war, machte, daß das Wasser sogleich gefror und in wenigen Augenblicken sich über meinem Messer eine Verlängerung von Eis bildete, die bis an die untersten Äste des Baumes reichte. Nun packte ich den aufgeschossenen Stiel und zog ohne viel Mühe, aber mit desto mehr Behutsamkeit mein Messer zu mir herauf. Kaum hatte ich damit den Stein festgeschraubt, als Herr Petz angestiegen kam. Wahrhaftig, dachte ich, man muß so weise als ein Bär sein, um den Zeitpunkt so gut abzupassen, und empfing Meister Braun mit einer so herzlich gemeinten Bescherung von Rollern (*Schießschrot*), daß er auf ewig das Baumsteigen vergaß.
Ebenso schoß mir ein anderes Mal unversehens ein fürchterlicher Wolf so nahe auf den Leib, daß mir nichts weiter übrigblieb, als ihm, dem mechanischen Instinkt zufolge, meine Faust in den offenen Rachen zu stoßen. Gerade meiner Sicherheit wegen stieß ich immer weiter und weiter und brachte meinen Arm beinahe bis an die Schulter hinein. Was war aber nun zu tun? Ich kann eben nicht sagen, daß mir diese unbehilfliche Situation sonderlich anstand. Man denke nur, Stirn gegen Stirn mit einem Wolfe! Wir äugelten uns eben nicht gar lieblich an. Hätte ich meinen Arm zurückgezogen, so wäre mir die Bestie nur desto wütender zu Leibe gesprungen. So viel ließ sich klar und deutlich aus seinen flammenden Augen herausbuchstabieren. Kurz, ich packte ihn beim Eingeweide, kehrte sein Äußeres zu innerst, wie einen Handschuh, um, schleuderte ihn zu Boden und ließ ihn da liegen.

Dies Stückchen hätte ich nun wieder nicht an einem tollen Hunde versuchen mögen, welcher bald darauf in einem engen Gäßchen zu St. Petersburg gegen mich anlief. ‚Lauf, was du kannst!', dachte ich. Um desto besser fortzukommen, warf ich meinen Überrock ab und rettete mich geschwind ins Haus. Den Rock ließ ich hernach durch meinen Bediensteten hereinholen und zu den andern Kleidern in die Garderobe hängen. Tags darauf geriet ich in ein gewaltiges Schrecken durch meines Johanns Geschrei: „Herr Gott, Herr Baron, Ihr Überrock ist toll!" Ich sprang hurtig zu ihm hinauf und fand alle meine Kleider umhergezerret und zu Stücken zerrissen. Der Kerl hatte es auf ein Haar getroffen, daß der Überrock toll sei. Ich kam gerade noch selbst dazu, wie er über ein schönes neues Galakleid herfiel und es auf eine gar unbarmherzige Weise zerschüttelte und umherzauste.

## Drittes Kapitel
## Von Hunden und Pferden

In allen diesen Fällen, meine Herren, wo ich freilich immer glücklich, aber doch nur immer mit genauer Not davonkam, half mir das Ohngefähr, welches ich durch Tapferkeit und Gegenwart des Geistes zu meinem Vorteile lenkte. Alles zusammengenommen macht, wie jedermann weiß, den glücklichen Jäger, Seemann und Soldaten aus. Der aber würde ein sehr unvorsichtiger, tadelnswerter Weidmann, Admiral und General sein, der sich überall nur auf das Ohngefähr oder sein Gestirn verlassen wollte, ohne sich weder um die besonders erforderlichen Kunstfertigkeiten zu bekümmern, noch sich mit denjenigen Werkzeugen zu versehen, die den guten Erfolg sichern. Ein solcher Tadel trifft mich keinesweges. Denn ich bin immer berühmt gewesen sowohl wegen der Vortrefflichkeit meiner Pferde, Hunde und Gewehre als auch wegen der besondern Art, das alles zu handhaben, so daß ich mich wohl rühmen kann, in Forst, Wiese und Feld meines Namens Gedächtnis hinlänglich gestiftet zu haben. Ich will mich nun zwar nicht auf Partikularitäten (*Einzelheiten*) von meinen Pferd- und Hundeställen oder meiner Gewehrkammer einlassen, wie Stall-, Jagd- und Hundejunker sonst wohl zu tun pflegen, aber zwei von meinen Hunden zeichneten sich so sehr in meinen Diensten aus, daß ich sie nie vergessen kann und ihrer bei dieser Gelegenheit mit wenigem erwähnen muß. Der eine war ein Hühnerhund, so unermüdet, so aufmerksam, so vorsichtig, daß jeder, der ihn sah, mich darum beneidete. Tag und Nacht konnte ich ihn gebrauchen: wurd' es Nacht, so hing ich ihm eine Laterne an den Schwanz, und nun jagte ich so gut oder noch besser mit ihm als am hellen Tage. Einst (es war kurz nach meiner Verheiratung) bezeugte meine Frau Lust, auf die Jagd zu gehen. Ich ritt voran, um etwas aufzusuchen, und es dauerte nicht lange, so stand mein Hund vor einer Kette von einigen hundert Hühnern. Ich warte und warte immer auf meine Frau, die mit meinem Leutnant und einem Reitknechte gleich nach mir weggeritten war; niemand aber war zu sehen und zu hören. Endlich werde ich unruhig, kehre um, und ungefähr auf der Hälfte des Weges höre ich ein äußerst klägliches Winseln. Es schien mir ziemlich nahe zu sein, und doch war weit und breit keine lebendige Seele zu erblicken. Ich stieg ab, legte mein Ohr auf den Boden, und nun hörte ich nicht nur, daß dies Jammern unter der Erde war, sondern erkannte auch ganz deutlich die Stimme meiner Frau, meines Leutnants und meines Reitknechts. Zu gleich sehe ich auch, daß nicht weit von mir die Öffnung einer Steinkohlengrube war, und es blieb mir nun leider kein Zweifel mehr, daß mein armes Weib und ihre Begleiter da hineingestürzt waren. Ich eilte in voller Karriere (= *mit aller Kraft*) nach dem nächsten Dorfe, um die Grubenleute zu holen, die endlich nach langer, höchst mühseliger Arbeit die Verunglückten aus einer neunzig Klafter (*ca. 180 Meter*) tiefen Schacht zutage förderten. Erst brachten sie den Reitknecht, dann sein Pferd, dann den Leutnant, dann sein Pferd, dann meine Frau und zuletzt ihren türkischen Klepper. Das wunderbarste bei der ganzen Sache war, daß Menschen und Pferde bei diesem ungeheueren Sturze, einige kleine Quetschungen abgerechnet, fast gar nicht beschädigt waren; desto mehr aber hatten sie durch die unaussprechliche Angst gelitten. An eine Jagd war nun, wie Sie sich leicht vorstellen können, nicht mehr zu denken; und da Sie, wie ich fast vermute, meinen Hund während dieser Erzählung vergessen haben, so werden Sie mir es nicht übelnehmen, daß auch ich nicht mehr an ihn dachte. Mein Dienst nötigte mich, gleich den andern Morgen eine Reise anzutreten, von der ich erst nach vierzehn Tagen zurückkam. Ich war kaum einige Stunden wieder zu Hause, als ich meine Diane vermißte. Niemand hatte sich um sie bekümmert; meine Leute hatten sämtlich geglaubt, sie wäre mit mir gelaufen, und nun war sie zu meinem großen Leidwesen nirgends zu finden. Endlich kam mir der Gedanke: sollte der Hund wohl gar noch bei den Hühnern sein? Hoffnung und Furcht jagten mich augenblicklich nach der Gegend hin, und siehe da, zu meiner unsäglichen Freude stand mein Hund noch auf derselben Stelle, wo ich ihn vor vierzehn Tagen verlassen hatte. „Piel!“, rief ich, und sogleich sprang er ein, und ich bekam auf einen Schuß fünfundzwanzig Hühner. Kaum aber konnte das arme Tier noch zu mir ankriechen, so ausgehungert und abgemattet war es. Um ihn mit mir nach Hause bringen zu können, mußte ich ihn auf mein Pferd nehmen, und Sie können leicht denken, daß ich mich mit der größten Freude dieser Unbequemlichkeit unterzog. Nach einer guten Pflege von wenigen Tagen war er wieder so frisch und munter als zuvor, und einige Wochen darauf machte er mir es möglich, ein Rätsel aufzulösen, was mir ohne ihn wahrscheinlich ewig ungelöset hätte bleiben müssen.

Ich jagte nämlich zwei ganzer Tage hinter einem Hasen her. Mein Hund brachte ihn immer wieder herum, aber nie konnte ich zum Schusse kommen. An Hexerei zu glauben, ist meine Sache nie gewesen, dazu habe ich zu außerordentliche Dinge erlebt; allein hier war ich doch mit meinen fünf Sinnen am Ende. Endlich kam mir aber doch der Hase so nahe, daß ich ihn mit meinem Gewehr erreichen konnte. Er stürzte nieder, und was meinen Sie, was ich nun fand? Vier Läufe hatte mein Hase unter dem Leibe und viere auf dem Rücken. Waren die zwei untern Paar müde, so warf er sich wie ein geschickter Schwimmer, der auf Bauch und Rücken schwimmen kann, herum, und nun ging es mit den beiden neuen wieder mit verstärkter Geschwindigkeit fort. Nie habe ich nachher einen Hasen von der Art gefunden und auch diesen würde ich nicht bekommen haben, wenn mein Hund nicht so ungemeine Vollkommenheiten gehabt hätte. Dieser aber übertraf sein ganzes Geschlecht so sehr, daß ich kein Bedenken tragen würde, ihm den Beinamen des Einzigen beizulegen, wenn nicht ein Windspiel, das ich hatte, ihm diese Ehre streitig machte. Das Tierchen war minder wegen seiner Gestalt als wegen seiner außerordentlichen Schnelligkeit merkwürdig. Hätten die Herren es gesehen, so würden sie es gewiß bewundert und sich gar nicht verwundert haben, daß ich es so lieb hatte und so oft mit ihm jagte. Es lief so schnell, so oft und so lange in meinem Dienste, daß es sich die Beine ganz bis dicht unterm Leibe weglief und ich es in seiner letzten Lebenszeit nur noch als Dachssucher gebrauchen konnte, in welcher Qualität es mir denn ebenfalls noch manch liebes Jahr diente.

Weiland noch als Windspiel – beiläufig zu melden, es war eine Hündin – setzte sie einst hinter einem Hasen her, der mir ganz ungewöhnlich dick vorkam. Es tat mir leid um meine arme Hündin, denn sie war mit Jungen trächtig und wollte doch noch ebenso schnell laufen als sonst. Nur in sehr weiter Entfernung konnte ich zu Pferde nachfolgen. Auf einmal hörte ich ein Geklaffe wie von einer ganzen Kuppel Hunde, allein so schwach und zart, daß ich nicht wußte, was ich daraus machen sollte. Wie ich näher kam, sah ich mein himmelblaues Wunder. Die Häsin hatte im Laufen gesetzt, und meine Hündin geworfen, und zwar jene gerade ebensoviel junge Hasen als diese junge Hunde. Instinktmäßig hatten jene die Flucht genommen, diese aber nicht nur gejagt, sondern auch gefangen. Dadurch gelangte ich am Ende der Jagd auf einmal zu sechs Hasen und Hunden: da ich doch nur mit einem einzigen angefangen hatte.

Ich gedenke dieser wunderbaren Hündin mit ebendem Vergnügen als eines vortrefflichen litauischen Pferdes, welches nicht mit Gelde zu bezahlen war. Dies bekam ich durch ein Ohngefähr, welches mir Gelegenheit gab, meine Reitkunst zu meinem nicht geringen Ruhme zu zeigen. Ich war nämlich einst auf dem prächtigen Landsitze des Grafen Przobofsky in Litauen und blieb im Staatszimmer bei den Damen zum Tee, indessen die Herren hinunter in den Hof gingen, um ein junges Pferd von Geblüte zu besehen, welches soeben aus der Stuterei angelangt war. Plötzlich hörten wir einen Notschrei. Ich eilte die Treppe hinab und fand das Pferd so wild und unbändig, daß niemand sich getrauete, sich ihm zu nähern oder es zu besteigen. Bestürzt und verwirrt standen die entschlossensten Reiter da; Angst und Besorgnis schwebte auf allen Gesichtern, als ich mit einem einzigen Sprunge auf seinem Rücken saß und das Pferd durch diese Überraschung nicht nur in Schrecken setzte, sondern es auch durch Anwendung meiner besten Reitkünste gänzlich zu Ruhe und Gehorsam brachte. Um dies den Damen noch besser zu zeigen und ihnen alle unnötige Besorgnis zu ersparen, so zwang ich den Gaul, durch eins der offenen Fenster des Teezimmers mit mir hineinzusetzen. Hier ritt ich nun verschiedenemal, bald Schritt, bald Trott, bald Galopp herum, setzte endlich sogar auf den Teetisch und machte da im kleinen überaus artig die ganze Schule durch, worüber sich denn die Damen ganz ausnehmend ergetzten. Mein Rößchen machte alles so bewundernswürdig geschickt, daß es weder Kannen noch Tassen zerbrach. Dies setzte mich bei den Damen und dem Herrn Grafen so hoch in Gunst, daß er mit seiner gewöhnlichen Höflichkeit mich bat, das junge Pferd zum Geschenke von ihm anzunehmen und auf selbigem in dem Feldzuge gegen die Türken, welcher in kurzem unter Anführung des Grafen Münnich eröffnet werden sollte, auf Sieg und Eroberung auszureiten.

## Viertes Kapitel
## Abenteuer im Kriege gegen die Türken

Ein angenehmeres Geschenk hätte mir nun wohl nicht leicht gemacht werden können, besonders da es mir so viel Gutes von einem Feldzuge weissagte, in welchem ich mein erstes Probestück als Soldat ablegen wollte. Ein Pferd, so gefügig, so mutvoll und feurig – Lamm und Bucephal (*Lieblingspferd von Alexander dem Großen*) zugleich – mußte mich allezeit an die Pflichten eines braven Soldaten und an die erstaunlichen Taten erinnern, welche der junge Alexander im Felde verrichtet hatte.

Wir zogen, wie es scheinet, unter anderm auch in der Absicht zu Felde, um die Ehre der russischen Waffen, welche in dem Feldzuge unter Zar Peter am Pruth ein wenig gelitten hatte, wiederherzustellen. Dieses gelang uns auch vollkommen durch verschiedene zwar mühselige, aber doch rühmliche Feldzüge unter Anführung des großen Feldherrn, dessen ich vorhin erwähnte.

Die Bescheidenheit verbietet es Subalternen, sich große Taten und Siege zuzuschreiben, wovon der Ruhm gemeiniglich den Anführern, ihrer Alltagsqualitäten ungeachtet, ja wohl gar verkehrt genug Königen und Königinnen in Rechnung gebracht wird, welche niemals anders als Musterungspulver rochen, nie

außer ihren Lustlagern ein Schlachtfeld, noch außer ihren Wachtparaden ein Heer in Schlachtordnung erblickten.
Ich mache also keinen besondern Anspruch an die Ehre von unsern größern Affären mit dem Feinde. Wir taten insgesamt unsere Schuldigkeit, welches in der Sprache des Patrioten, des Soldaten und kurz des braven Mannes ein sehr viel umfassender Ausdruck, ein Ausdruck von sehr wichtigem Inhalt und Belang ist, obgleich der große Haufen müßiger Kannegießer (= *Schwätzer*) sich nur einen sehr geringen und ärmlichen Begriff davon machen mag. Da ich indessen ein Korps Husaren unter meinem Kommando hatte, so ging ich auf verschiedene Expeditionen aus, wo das Verhalten meiner eigenen Klugheit und Tapferkeit überlassen war. Den Erfolg hiervon, denke ich denn doch, kann ich mit gutem Fug auf meine eigene und die Rechnung derjenigen braven Gefährten schreiben, die ich zu Sieg und Eroberung führte.
Einst, als wir die Türken in Oczakow (*Hafenort/Ukraine*) hineintrieben, gings bei der Avantgarde sehr heiß her. Mein feuriger Litauer hätte mich beinahe in des Teufels Küche gebracht. Ich hatte einen ziemlich entfernten Vorposten und sah den Feind in einer Wolke von Staub gegen mich anrücken, wodurch ich wegen seiner wahren Anzahl und Absicht gänzlich in Ungewißheit blieb. Mich in eine ähnliche Wolke von Staub einzuhüllen, wäre freilich wohl ein Alltagspfiff gewesen, würde mich aber ebenso wenig klüger gemacht als überhaupt der Absicht näher gebracht haben, warum ich vorausgeschickt war. Ich ließ daher meine Flankeurs zur Linken und Rechten auf beiden Flügeln sich zerstreuen und so viel Staub erregen, als sie nur immer konnten. Ich selbst aber ging gerade auf den Feind los, um ihn näher in Augenschein zu nehmen. Dies gelang mir. Denn er stand und focht nur so lange, bis die Furcht vor meinen Flankeurs ihn in Unordnung zurücktrieb. Nun wars Zeit, tapfer über ihn herzufallen. Wir zerstreueten ihn völlig, richteten eine gewaltige Niederlage an und trieben ihn nicht allein in seine

Festung zu Loche, sondern auch durch und durch, ganz über und wider unsere blutgierigsten Erwartungen.

Weil nun mein Litauer so außerordentlich geschwind war, so war ich der Vorderste beim Nachsetzen, und da ich sah, daß der Feind so hübsch zum gegenseitigen Tore wieder hinausfloh, so hielt ichs für ratsam, auf dem Marktplatze anzuhalten und da zum Rendezvous blasen zu lassen. Ich hielt an, aber stellt euch, ihr Herren, mein Erstaunen vor, als ich weder Trompeter noch irgendeine lebendige Seele von meinen Husaren um mich sah. „Sprengen sie etwa durch andere Straßen? Oder was ist aus ihnen geworden?", dachte ich. Indessen konnten sie meiner Meinung nach unmöglich fern sein und mußten mich bald einholen. In dieser Erwartung ritt ich meinen atemlosen Litauer zu einem Brunnen auf dem Marktplatze und ließ ihn trinken. Er soff ganz unmäßig und mit einem Heißdurste, der gar nicht zu löschen war. Allein das ging ganz natürlich zu. Denn als ich mich nach meinen Leuten umsah, was meint ihr wohl, ihr Herren, was ich da erblickte? Der ganze Hinterteil des armen Tieres, Kreuz und Lenden waren fort und wie rein abgeschnitten. So lief denn hinten das Wasser ebenso wieder heraus, als es von vorn hineingekommen war, ohne daß es dem Gaul zugute kam oder ihn erfrischte. Wie das zugegangen sein mochte, blieb mir ein völliges Rätsel, bis endlich mein Reitknecht von einer ganz entgegengesetzten Seite angejagt kam und unter einem Strome von treuherzigen Glückwünschen und kräftigen Flüchen mir folgendes zu vernehmen gab. Als ich pêle mêle (*Durcheinander*) mit dem fliehenden Feinde hereingedrungen wäre, hätte man plötzlich das Schutzgatter fallen lassen, und dadurch wäre der Hinterteil meines Pferdes rein abgeschlagen worden. Erst hätte besagter Hinterteil unter den Feinden, die ganz blind und taub gegen das Tor angestürzt wären, durch beständiges Ausschlagen die fürchterlichste Verheerung angerichtet, und dann wäre er siegreich nach einer nahe gelegenen Weide hingewandert, wo ich ihn wahrscheinlich noch finden würde. Ich drehte sogleich um, und in einem unbegreiflich schnellen Galopp brachte mich die Hälfte meines Pferdes, die mir noch übrig war, nach der Weide hin. Zu meiner großen Freude fand ich hier die andere Hälfte gegenwärtig, und zu meiner noch größeren Verwunderung sahe ich, daß sich dieselbe mit einer Beschäftigung amüsierte, die so gut gewählt war, daß bis jetzt noch kein maître des plaisirs (*Festmeister*) mit allem Scharfsinne imstande war, eine angemessenere Unterhaltung eines kopflosen Subjekts ausfindig zu machen. Mit einem Worte, der Hinterteil meines Wunderpferdes hatte in den wenigen Augenblicken schon sehr vertraute Bekanntschaft mit den Stuten gemacht, die auf der Weide umherliefen, und schien bei den Vergnügungen seines Harems alles ausgestandene Ungemach zu vergessen. Hiebei kam nun freilich der Kopf so wenig in Betracht, daß selbst die Fohlen, die dieser Erholung ihr Dasein zu danken hatten, unbrauchbare Mißgeburten waren, denen alles das fehlte, was bei ihrem Vater, als er sie zeugte, vermißt wurde.

Da ich so unwidersprechliche Beweise hatte, daß in beiden Hälften meines Pferdes Leben sei, so ließ ich sogleich unsern Kurschmied rufen. Dieser heftete, ohne sich lange zu besinnen, beide Teile mit jungen Lorbeersprößlingen, die gerade bei der Hand waren, zusammen. Die Wunde heilte glücklich zu; und es begab sich etwas, das nur einem so ruhmvollen Pferde begegnen konnte. Nämlich die Sprossen schlugen Wurzel in seinem Leibe, wuchsen empor und wölbten eine Laube über mir, so daß ich hernach manchen ehrlichen Ritt im Schatten meiner sowohl als meines Rosses Lorbeern tun konnte.

Einer andern kleinen Ungelegenheit von dieser Affäre will ich nur beiläufig erwähnen. Ich hatte so heftig, so lange, so unermüdet auf den Feind losgehauen, daß mein Arm dadurch endlich in eine unwillkürliche Bewegung des Hauens geraten

war, als der Feind schon längst über alle Berge war. Um mich nun nicht selbst oder meine Leute, die mir zu nahe kamen, für nichts und wider nichts zu prügeln, sah ich mich genötigt, meinen Arm an die acht Tage lang ebensogut in der Binde zu tragen, als ob er mir halb abgehauen gewesen wäre.
Einem Manne, meine Herren, der einen Gaul, wie mein Litauer war, zu reiten vermochte, können Sie auch wohl noch ein anderes Voltigier- und Reiterstückchen zutrauen, welches außerdem vielleicht ein wenig fabelhaft klingen möchte. Wir belagerten nämlich, ich weiß nicht mehr welche Stadt, und dem Feldmarschall war ganz erstaunlich viel an genauer Kundschaft gelegen, wie die Sachen in der Festung stünden. Es schien äußerst schwer, ja fast unmöglich, durch alle Vorposten, Wachen und Festungswerke hineinzugelangen, auch war eben kein tüchtiges Subjekt vorhanden, wodurch man so was glücklich auszurichten hätte hoffen können. Vor Mut und Diensteifer fast ein wenig allzurasch stellte ich mich neben eine der größten Kanonen, die soeben nach der Festung abgefeuert ward, und sprang im Hui auf die Kugel, in der Absicht, mich in die Festung hineintragen zu lassen. Als ich aber halbweges durch die Luft geritten war, stiegen mir allerlei nicht unerhebliche Bedenklichkeiten zu Kopfe. „Hum", dachte ich, „hinein kommst du nun wohl, allein wie hernach sogleich wieder heraus? Und wie kanns dir in der Festung ergehen? Man wird dich sogleich als einen Spion erkennen und an den nächsten Galgen hängen. Ein solches Bette der Ehren wollte ich mir denn doch wohl verbitten." Nach diesen und ähnlichen Betrachtungen entschloß ich mich kurz, nahm die glückliche Gelegenheit wahr, als eine Kanonenkugel aus der Festung einige Schritte weit vor mir vorüber nach unserm Lager flog, sprang von der meinigen auf diese hinüber und kam, zwar unverrichteter Sache, jedoch wohlbehalten bei den lieben Unsrigen wieder an.
So leicht und fertig ich im Springen war, so war es auch mein Pferd. Weder Graben noch Zäune hielten mich jemals ab,

überall den geradesten Weg zu reiten. Einst setzte ich darauf hinter einem Hasen her, der querfeldein über die Heerstraße lief. Eine Kutsche mit zwei schönen Damen fuhr diesen Weg gerade zwischen mir und dem Hasen vorbei. Mein Gaul setzte so schnell und ohne Anstoß mitten durch die Kutsche hindurch, wovon die Fenster aufgezogen waren, daß ich kaum Zeit hatte, meinen Hut abzuziehen und die Damen wegen dieser Freiheit untertänigst um Verzeihung zu bitten.
Ein andres Mal wollte ich über einen Morast setzen, der mir anfänglich nicht so breit vorkam, als ich ihn fand, da ich mitten im Sprunge war. Schwebend in der Luft wendete ich daher wieder um, wo ich hergekommen war, um einen größern Anlauf zu nehmen. Gleichwohl sprang ich auch zum zweiten Male noch zu kurz und fiel nicht weit vom andern Ufer bis an den Hals in den Morast. Hier hätte ich unfehlbar umkommen müssen, wenn nicht die Stärke meines eigenen Armes mich an meinem eigenen Haarzopfe, samt dem Pferde, welches ich fest zwischen meine Knie schloß, wieder herausgezogen hätte.

## Fünftes Kapitel
## Abenteuer des Freiherrn von Münchhausen während seiner Gefangenschaft bei den Türken. Er kehrt in seine Heimat zurück

Trotz aller meiner Tapferkeit und Klugheit, trotz meiner und meines Pferdes Gewandtheit und Stärke gings mir in dem Türkenkriege doch nicht immer nach Wunsche. Ich hatte sogar das Unglück, durch die Menge übermannt und zum Kriegsgefangenen gemacht zu werden. Ja, was noch schlimmer war, aber doch immer unter den Türken gewöhnlich ist, ich wurde zum Sklaven verkauft. In diesem Stande der Demütigung war mein Tagewerk nicht sowohl hart und sauer als vielmehr seltsam und verdrießlich. Ich mußte nämlich des Sultans Bienen alle Morgen auf die Weide treiben, sie daselbst den ganzen Tag lang hüten und dann gegen Abend wieder zurück in ihre Stöcke treiben. Eines Abends vermißte ich eine Biene, wurde aber sogleich gewahr, daß zwei Bären sie angefallen hatten und ihres Honigs wegen zerreißen wollten. Da ich nun nichts anderes Waffenähnliches in Händen hatte als die silberne Axt, welche das Kennzeichen der Gärtner und Landarbeiter des Sultans ist, so warf ich diese nach den beiden Räubern, bloß in der Absicht, sie damit wegzuscheuchen. Die arme Biene setzte ich auch wirklich dadurch in Freiheit; allein durch einen unglücklichen, allzu starken Schwung meines Armes flog die Axt in die Höhe und hörte nicht auf zu steigen, bis sie im Monde niederfiel. Wie sollte ich sie nun wiederkriegen? Mit welcher Leiter auf Erden sie herunterholen? Da fiel mir ein, daß die türkischen Bohnen sehr geschwind und zu einer ganz erstaunlichen Höhe emporwüchsen. Augenblicklich pflanzte ich also eine solche Bohne, welche wirklich emporwuchs und sich an eines von des Mondes Hörnern von selbst anrankte. Nun kletterte ich getrost nach dem Monde empor, wo ich auch glücklich anlangte. Es war ein ziemlich mühseliges Stückchen Arbeit, meine silberne Axt an einem Orte wiederzufinden, wo alle andere Dinge gleichfalls wie Silber glänzten. Endlich aber fand ich sie doch auf einem Haufen Spreu und Häckerling. Nun wollte ich wieder zurückkehren, aber ach, die Sonnenhitze hatte indessen meine Bohne aufgetrocknet, so daß daran schlechterdings nicht wieder herabzusteigen war. Was war nun zu tun? Ich flocht mir einen Strick von dem Häckerling, so lang ich ihn nur immer machen konnte. Diesen befestigte ich an eines von des Mondes Hörnern und ließ mich daran herunter. Mit der rechten Hand hielt ich mich fest, und in der linken führte ich meine Axt. Sowie ich nun eine Strecke hinuntergeglitten war, so hieb ich immer das überflüssige Stück über mir ab und knüpfte dasselbe unten wieder an, wodurch ich denn ziemlich weit heruntergelangte. Dieses wiederholte Abhauen und Anknüpfen machte nun freilich den Strick ebensowenig besser, als es mich völlig herab auf des Sultans Landgut brachte. Ich mochte wohl noch ein paar Meilen weit droben in den Wolken sein, als mein Strick auf einmal zerriß und ich mit solcher Heftigkeit herab zu Gottes Erdboden fiel, daß ich ganz betäubt davon wurde. Durch die Schwere meines von einer solchen Höhe herabfallenden Körpers fiel ich ein Loch, wenigstens neun Klafter tief, in die Erde hinein. Ich erholte mich zwar endlich wieder, wußte aber nun nicht, wie ich wieder herauskommen sollte. Allein was tut nicht die Not? Ich grub mir mit meinen Nägeln, deren Wuchs damals vierzigjährig war, eine Art von Treppe und förderte mich dadurch glücklich zutage.

Durch diese mühselige Erfahrung klüger gemacht, fing ichs nachher besser an, der Bären, die so gern nach meinen Bienen und den Honigstöcken stiegen, loszuwerden. Ich bestrich die Deichsel eines Ackerwagens mit Honig und legte mich nicht weit davon des Nachts in einen Hinterhalt. Was ich vermutete, das geschah. Ein ungeheurer Bär, herbeigelockt durch den Duft des Honigs, kam an und fing vorn an der Spitze der Stange so begierig an zu lecken, daß er sich die ganze Stange durch Schlund, Magen und Bauch bis hinten wieder hinausleckte. Als er sich nun so artig auf die Stange hinaufgeleckt hatte, lief ich hinzu, steckte vorn durch das Loch der Deichsel einen langen Pflock, verwehrte dadurch dem Nascher den Rückzug und ließ ihn sitzen bis an den andern Morgen. Über dies Stückchen wollte sich der Großsultan, der von ungefähr vorbeispazierte, fast totlachen.

Nicht lange hierauf machten die Russen mit den Türken Frieden, und ich wurde nebst andern Kriegsgefangenen wieder nach St. Petersburg ausgeliefert. Ich nahm aber nun meinen Abschied und verließ Rußland um die Zeit der großen Revolution vor etwa vierzig Jahren, da der Kaiser in der Wiege nebst seiner Mutter und ihrem Vater, dem Herzoge von Braunschweig, dem Feldmarschall von Münnich und vielen andern nach Sibirien geschickt wurden. Es herrschte damals über ganz Europa ein so außerordentlich strenger Winter, daß die Sonne eine Art von Frostschaden erlitten haben muß, woran sie seit der ganzen Zeit her bis auf den heutigen Tag gesiecht hat. Ich empfand daher auf der Rückreise in mein Vaterland weit größeres Ungemach, als ich auf meiner Hinreise nach Rußland erfahren hatte.

Ich mußte, weil mein Litauer in der Türkei geblieben war, mit der Post reisen. Als sichs nun fügte, daß wir an einen engen hohlen Weg zwischen hohen Dornhecken kamen, so erinnerte ich den Postillion, mit seinem Horne ein Zeichen zu geben, damit wir uns in diesem engen Passe nicht etwa gegen ein anderes entgegenkommendes Fuhrwerk festfahren möchten. Mein Kerl setzte an und blies aus Leibeskräften in das Horn, aber alle seine Bemühungen waren umsonst. Nicht ein einziger Ton kam heraus, welches uns ganz unerklärlich, ja in der Tat für ein rechtes Unglück zu achten war, indem bald eine andere uns entgegenkommende Kutsche auf uns stieß, vor welcher nun schlechterdings nicht vorbeizukommen war. Nichtsdestoweniger sprang ich aus meinem Wagen und spannte zuvörderst die Pferde aus. Hierauf nahm ich den Wagen nebst den vier Rädern und allen Päckereien auf meine Schultern und sprang damit über Ufer und Hecke, ungefähr neun Fuß hoch, welches in Rücksicht auf die Schwere der Kutsche eben keine Kleinigkeit war, auf das Feld hinüber. Durch einen andern Rücksprung gelangte ich, die fremde Kutsche vorüber, wieder in den Weg. Darauf eilte ich zurück zu unsern Pferden, nahm unter jeden Arm eins und holte sie auf die vorige Art, nämlich durch einen zweimaligen Sprung hinüber und herüber, gleichfalls herbei, ließ wieder anspannen und gelangte glücklich am Ende der Station zur Herberge. Noch hätte ich anführen sollen, daß eins von den Pferden, welches sehr mutig und nicht über vier Jahre alt war, ziemlichen Unfug machen wollte. Denn als ich meinen zweiten Sprung über die Hecke tat, so verriet es durch sein Schnauben und Trampeln ein großes Mißbehagen an dieser heftigen Bewegung. Dies verwehrte ich ihm aber gar bald, indem ich seine Hinterbeine in meine Rocktasche steckte. In der Herberge erholten wir uns wieder von unserm Abenteuer. Der Postillion hängte sein Horn an einen Nagel beim Küchenfeuer, und ich setzte mich ihm gegenüber.

Nun hört, ihr Herren, was geschah! Auf einmal gings: Tereng! tereng! teng! teng! Wir machten große Augen und fanden nun auf einmal die Ursache aus, warum der Postillion sein Horn nicht hatte blasen können. Die Töne waren in dem Horne festgefroren und kamen nun, so wie sie nach und nach auftaueten, hell und klar zu nicht geringer Ehre des Fuhrmanns heraus. Denn die ehrliche Haut unterhielt uns nun eine ziemliche Zeitlang mit der herrlichsten Modulation, ohne den Mund an das Horn zu bringen. Da hörten wir den preußischen Marsch – Ohne Lieb und ohne Wein – Als ich auf meiner Bleiche – Gestern abend war Vetter Michel da – nebst noch vielen andern Stückchen, auch sogar das Abendlied: Nun ruhen alle Wälder. Mit diesem letzten endigte sich denn dieser Tauspaß, so wie ich hiermit meine russische Reisegeschichte.

Manche Reisende sind bisweilen imstande, mehr zu behaupten, als genau genommen wahr sein mag. Daher ist es denn kein Wunder, wenn Leser oder Zuhörer ein wenig zum Unglauben geneigt werden. Sollten indessen einige von der Gesellschaft an meiner Wahrhaftigkeit zweifeln, so muß ich sie wegen ihrer Ungläubigkeit herzlich bemitleiden und sie bitten, sich lieber zu entfernen, ehe ich meine Schiffsabenteuer beginne, die zwar fast noch wunderbarer, aber doch ebenso authentisch sind.

(…)

## Zehntes Seeabenteuer.
## Eine zweite Reise nach dem Monde

Ich habe Ihnen, meine Herren, schon ehemals von einer kleinen Reise erzählt, die ich nach dem Monde machte, um meine silberne Axt wiederzuholen. Ich kam nachher noch einmal auf eine viel angenehmere Art dahin und blieb lange genug daselbst, um von verschiedenen Dingen mich gehörig zu unterrichten, die ich Ihnen nun so genau, als mein Gedächtnis mir erlaubt, beschreiben will.

Ein weitläufiger Verwandter von mir hatte sich die Grille in den Kopf gesetzt, es müßte notwendig ein Volk geben, das dem an Größe gleichkäme, welches Gulliver (= *Gullivers Reisen, Roman*) in dem Königreiche Brobdignag (*Reich der Riesen*) gefunden haben will. Dies aufzusuchen, ging er auf eine Entdeckungsreise aus und bat mich, ihn zu begleiten. Ich meines Orts hatte nun zwar jene Erzählung nie für etwas mehr gehalten als für ein gutes Märchen und glaubte so wenig an ein Brobdignag als an ein Eldorado; indes der Mann hatte mich zum Erben eingesetzt, und ich war ihm also wieder Gefälligkeiten schuldig. Wir kamen auch glücklich nach der Südsee, ohne daß uns irgend etwas aufstieß, das verdiente angeführt zu werden; außer einige fliegende Männer und Weiber, die in der Luft Menuett tanzten oder Springerkünste machten, und dergleichen Kleinigkeiten.

Den achtzehnten Tag, nachdem wir bei der Insel Otahiti (= *Tahiti*) vorbeigekommen waren, führte ein Orkan unser Schiff wenigstens tausend Meilen von der Oberfläche des Wassers weg und hielt es geraume Zeit in dieser Höhe. Endlich füllte ein frischer Wind unsere Segel, und nun gings mit unglaublicher Geschwindigkeit fort. Sechs Wochen waren wir über den Wolken gereiset, als wir ein großes Land entdeckten, rund und glänzend, gleichsam eine schimmernde Insel. Wir liefen in einen bequemen Hafen ein, gingen an das Ufer und fanden das Land bewohnt. Unter uns sahen wir eine andere Erde mit Städten, Bäumen, Bergen, Flüssen, Seen usw., das, wie wir vermuteten, die Welt war, die wir verlassen hatten. Im Monde, – denn das war die schimmernde Insel, an der wir gelandet hatten – sahen wir große Gestalten, die auf Geiern ritten, von denen jeder drei Köpfe hatte. Um Ihnen einen Begriff von der Größe dieser Vögel zu geben, muß ich Ihnen sagen, daß die Entfernung von einem Ende ihres Flügels bis zum andern sechsmal so lang war als das längste Segeltau an unserm Schiffe. Anstatt wir nun in dieser Welt auf Pferden reiten, fliegen die Einwohner des Mondes auf diesen Vögeln umher.

Der König hatte gerade einen Krieg mit der Sonne. Er bot mir eine Offizierstelle an; allein ich verbat mir die Ehre, die Seine Majestät mir zudachte.

Alles ist in dieser Welt außerordentlich groß; eine gewöhnliche Fliege z. B. ist nicht viel kleiner als eines unserer Schafe. Die vorzüglichsten Waffen, deren sich die Einwohner des Mondes im Kriege bedienen, sind Rettiche, die wie Wurfspieße gebraucht werden, und den, der damit verwundet wird, augenblicklich töten. Ihre Schilde sind aus Pilzen gemacht, und wenn die Zeit der Rettiche vorbei ist, so vertreten Spargelstangen ihre Stelle.

Ich sah auch hier einige von den Eingebornen des Hundssterns (= *Stern Sirius*), die der Handlungsgeist zu dergleichen Streifereien verleitet. Diese haben ein Gesicht wie große Bullenbeißer. Ihre Augen stehen zu beiden Seiten der Spitze oder vielmehr des untern Endes ihrer Nase. Sie haben keine Augenlider, sondern bedecken ihre Augen, wenn sie schlafen gehen, mit ihrer Zunge. Gewöhnlich sind sie zwanzig Fuß hoch; von den Einwohnern des Mondes aber ist keiner unter sechsunddreißig Fuß. Der Name, den die letztern führen, ist etwas sonderbar. Sie heißen nicht Menschen, sondern kochende Geschöpfe, weil sie ebenso wie wir ihre Speisen beim Feuer zurechtmachen.

Übrigens nimmt ihnen das Essen sehr wenig Zeit weg; denn sie öffnen nur die linke Seite und schieben die ganze Portion auf einmal in den Magen hinein; dann schließen sie wieder zu, bis nach Verfluß eines Monats derselbe Tag wiederkommt. Sie haben mithin das ganze Jahr hindurch nicht mehr als zwölf Mahlzeiten – eine Einrichtung, die jeder, der kein Fresser oder Schlemmer ist, der unsern weit vorziehen muß.

Die Freuden der Liebe sind im Monde gänzlich unbekannt; denn sowohl unter den kochenden Geschöpfen als allen übrigen Tieren gibt es nur ein einziges Geschlecht. Alles wächst auf Bäumen, die aber nach ihren verschiedenen Früchten auch an der Größe und den Blättern sich sehr voneinander unterscheiden. Diejenigen, auf denen die kochenden Geschöpfe oder die Menschen wachsen, sind viel schöner als die andern, haben große, gerade Äste und fleischfarbene Blätter, und ihre Frucht besteht in Nüssen, die sehr harte Schalen haben und wenigstens sechs Fuß lang sind. Wenn diese reif sind, welches man an der Veränderung ihrer Farbe sehen kann, so werden sie mit großer Sorgfalt gepflückt und so lange, als man es für gut findet, aufgehoben. Will man nun den Samen dieser Nüsse lebendig haben, so wirft man sie in einen großen Kessel kochenden Wassers, und in wenigen Stunden öffnen sich die Schalen, und das Geschöpf springt heraus.

Ihr Geist ist immer schon, ehe sie in die Welt kommen, von der Natur zu einer besondern Bestimmung gebildet. Aus einer Schale kommt ein Soldat, aus einer andern ein Philosoph, aus einer dritten ein Gottesgelehrter, aus einer vierten ein Jurist, aus einer fünften ein Pächter, aus einer sechsten ein Bauer usf.; und jeder fängt sogleich an, sich in der Ausübung dessen, was er vorher bloß theoretisch wußte, vollkommen zu machen. Der Schale mit Gewißheit anzusehen, was in ihr steckt, ist sehr schwer; doch machte ein lunarischer Theologe (*Anspielung auf Lavater*) zu meiner Zeit mächtigen Lärmen,

er sei im Besitze dieses Geheimnisses. Man achtete aber wenig auf ihn und hielt ihn durchgängig für krank.
Wenn die Leute im Monde alt werden, so sterben sie nicht, sondern lösen sich in Luft auf und verfliegen wie Rauch.
Trinken haben sie nicht nötig, denn es finden gar keine Ausleerungen bei ihnen statt, ausgenommen durch das Aushauchen. Sie haben nur einen Finger an jeder Hand, mit dem sie alles tun können, so gut oder noch besser als wir, die wir außer dem Daumen viere haben.
Ihren Kopf haben sie unter dem rechten Arm, und wenn sie auf eine Reise oder an eine Arbeit gehen, bei der sie sich heftig bewegen müssen, so lassen sie ihn gemeiniglich zu Hause; denn um Rat fragen können sie ihn, sie mögen von ihm entfernt sein, so weit sie wollen. Auch pflegen die Vornehmen unter den Mondbewohnern, wenn sie gerne wissen möchten, was unter dem gemeinen Volke vorgeht, nicht unter dasselbe sich zu begeben. Sie bleiben zu Hause, d.h. der Körper bleibt zu Hause und schickt nur den Kopf aus, der inkognito gegenwärtig sein kann und dann nach Gefallen seines Herrn mit der eingezogenen Kundschaft zurückkehrt.
Die Traubenkerne im Monde sind vollkommen unserm Hagel ähnlich, und ich bin fest überzeugt, daß, wenn ein Sturm im Monde die Trauben von ihren Stielen abschlägt, die Kerne dann auf unsere Erde herunterfallen und den Hagel bilden. Ich glaube auch, daß diese meine Bemerkung manchen Weinverkäufern schon lange bekannt sein muß; wenigstens habe ich öfter Wein bekommen, der aus Hagelkörnern gemacht zu sein schien und vollkommen so schmeckte wie der Mondwein.
Einen merkwürdigen Umstand hätte ich bald vergessen. Der Bauch tut den Leuten im Monde ganz die Dienste, die uns ein Ranzen tut; sie stecken in ihn hinein, was sie nötig haben, und schließen ihn ebenso wie ihren Magen nach Belieben auf und zu; denn mit Gedärmen, Leber, Herz und andern Eingeweiden sind sie nicht beschwert, ebensowenig als mit Klei-

dern; sie haben aber auch kein Glied an ihrem ganzen Körper, das ihnen die Schamhaftigkeit zu bedecken geböte.
Ihre Augen können sie nach Gefallen herausnehmen und einsetzen und ebensogut damit sehen, wenn sie in ihrem Kopfe als wenn sie in ihrer Hand sind. Verlieren oder beschädigen sie zufälligerweise eines, so können sie ein anderes borgen oder kaufen und dasselbe so gut gebrauchen als ihr eigenes. Man trifft daher allenthalben im Monde Leute an, die mit Augen handeln; und in dieser einzigen Sache haben alle Einwohner durchaus ihre Grillen; bald sind grüne, bald gelbe Augen Mode.
Ich gestehe, diese Dinge klingen seltsam; aber ich stelle es jedem, der den geringsten Zweifel hat, frei, selbst nach dem Monde zu gehen und sich zu überzeugen, daß ich der Wahrheit so getreu geblieben bin als vielleicht nur wenige andere Reisende.

Lebensdaten

**Gottfried August Bürger**

| | |
|---|---|
| 31.12.1747 | Geburt in Molmerswende |
| 1760-1763 | Pädagogium der Franckeschen Stiftungen Halle |
| 1764-1767 | Theologie-Studium an der Universität Halle |
| 1768 | Studium Jura und Philosophie in Göttingen |
| 1772 | gräflicher Amtmann in Altengleichen |
| 1773 | Ballade „Lenore“ |
| 22.11.1774 | Heirat mit Dorette Leonhart (Tod 30.7.1784) |
| 1784 | Privatdozent in Göttingen (1789 ao. Prof.) |
| 17.06.1785 | Heirat mit „Molly“ (Auguste Leonhart; gestorben 9.1.1786) |
| 1788 | Herausgabe der Münchhausen-Geschichten |
| 29.09.1790 | Heirat mit Elise Hahn (31.3.1792 Scheidung) |
| 8.06.1794 | Tod in Göttingen |

**Curt Goetz**

| | |
|---|---|
| 17.11.1888 | Geburt in Mainz (Kurt Walter Götz) |
| 1890 | Umzug mit Mutter und Bruder Hans nach Halle |
| 1891 | Mutter eröffnet eine Privatklinik |
| 1906 | Schulabschluß am Städtischen Gymnasium Halle |
| 1907 | Theaterdebüt in Rostock |
| 1909-1911 | Theater in Nürnberg |
| ab 1911 | Theater in Berlin; Stummfilm; erste Theaterstücke |
| 1912 | Ehe mit Schauspielerin Erna Nitter (1917 geschieden) |
| 1923 | Heirat mit Schauspielerin Valérie von Martens, danach Wohnsitz in Merligen (Schweiz) |
| 1926 | „Hokuspokus“ |
| 1939-1945 | Tätigkeit in den USA |
| 1946 | Rückkehr in die Schweiz |
| 12.09.1960 | Tod in Grabs (St. Gallen) |

## Literaturverzeichnis

### 1) Quellen

**a) Gottfried August Bürger**

Gottfried August Bürger, Sämtliche Werke, hg. Günter und Hiltrud Häntzschel, München-Wien 1987.

Gottfried August Bürger, Hurra! die Toten reiten schnell! Fünf Balladen und eine Erzählung, mit zehn Originallithographien von Uwe Pfeifer, hg. u. mit einem Vorwort versehen von Bernd Hofestädt, Berlin 1994.

Liebesgedichte von Gottfried August Bürger, mit einem Essay von Heidi Ritter, Halle 1996.

Gottfried August Bürger, Münchhausen (Reclam 121), Stuttgart 2004.

**b) Curt Goetz**

Curt Goetz, Die Memoiren des Peterhans von Binningen (Ullstein-Buch 443), Frankfurt/M.-Berlin 1965 (= 1960).

Curt Goetz und Valérie von Martens, Die Verwandlung des Peterhans von Binningen. Der Memoiren zweiter Teil, Stuttgart 1962.

Curt Goetz und Valérie von Martens, Wir wandern, wir wandern .... Der Memoiren dritter Teil (Ullstein-Buch 527/528), Frankfurt/M. Berlin 1966 (= 1963).

Curt Goetz, Tatjana. Eine Legende, Hamburg 1949 (= 1946).

Curt Goetz, Sämtliche Bühnenwerke, Stuttgart 1963.

F. W. Rocco, Die natürliche und künstliche Bewegung des Körpers, Halle 1857.

Willem (Wilhelm) Rocco, De Komödjanten-Mudder. Eene Erinnerung ut min'n Leben, Bremen o. J. (1895)

Emil Rocco, Der Umgang in und mit der Gesellschaft. Ein Handbuch des guten Tons, Halle 9. Aufl. 1905.

C.R. Gehre (= Charles Rocco), Allerhand Gereimtes, Stuttgart 1907.

2) Sekundärliteratur

**a) Gottfried August Bürger**

Daniel, Herm. Adalb., Bericht über das Königliche Pädagogium zu Halle (usw.), voran: Bürger auf der Schule, Halle 1845.

Hertzberg, Gustav Friedrich, August Hermann Francke und sein Hallisches Waisenhaus, Halle 1898 (Nachdruck 1998).

Kertscher, Hans-Joachim (Hg.), G. A. Bürger und J.W.L. Gleim (Hallesche Beiträge zur Europäischen Aufklärung 3), Tübingen 1996 (darin besonders Beiträge von Ritter, Höhle, Wiebel).

Kinder, Hermann (Hg. und Nachwort), Bürgers unglückliche Liebe. Die Ehestandsgeschichte von Elise Hahn und Gottfried August Bürger (Insel-Taschenbuch 564), Frankfurt/M. 1981.

Möllendorff, Peter von, Auf der Suche nach der verlogenen Wahrheit. Lukians *Wahre Geschichten* (Classica Monacensia 21), Tübingen 2000.

Scherer, Helmut, Die soziale Herkunft des Dichters Gottfried August Bürger (1995).

Scherer, Helmut, Gottfried August Bürger. Der Dichter des Münchhausen. Eine Biographie; Berlin 1995.

**b) Curt Goetz**

Bühler, Hans u. Mitarbeiter, Heimatkunde Binningen, Liestal 1978.

Halle um die Jahrhundertwende. Fotografien von Gottfried Riehm (1858-1928), Halle 1983.

Jädicke, Horst, Curt Goetz und Peterhans von Binningen, in: Harbusch, Ute – Wittkop, Gregor (Hg.), Kurzer Aufenthalt. Streifzüge durch literarische Orte, Göttingen 2007, 242-244.

Kuhne, Roland, Verdienstvoller Gymnasiallehrer und Bewahrer des Stadtbildes (zu G. Riehm), in: Ralf Jacob (Hg.), Jahrbuch für Hallische Stadtgeschichte 2008, S. 155-160.

Scholdt, Günter, „Timeo Danaos et dona ferentes" oder Die alte Dame kommt aus Montevideo. Zur Dramaturgie Friedrich Dürrenmatts und Curt Goetz', in: DVJS 1976, 720-730.

Seifener, Christoph: Die Autobiografien von Curt Goetz/ Valérie von Martens und Fritz Kortner. Ein Vergleich im Hinblick auf das Verhältnis der Exilierten zu Deutschland. In: Claus-Dieter Crohn u. a. (Hg.), Exilforschung. Ein internationales Jahrbuch, Bd. 23. München 2005.

Mein abschließender Dank gilt:

- der Oberbürgermeisterin der Stadt Halle, Dagmar Szabados, und Dr. Jörn Weinert, Landesheimatbund Sachsen-Anhalt e. V.
- Herrn Rechtsanwalt Dr. Ernst Schmerschneider, Wien (Nachlass Curt Goetz)
- dem Kulturbüro der Stadt Halle
- dem Stadtarchiv Halle
- dem Universitätsarchiv Halle
- der Bibliothek der Franckeschen Stiftungen, Halle
- dem Stadtarchiv Mainz
- dem Heimatmuseum Binningen (Schweiz) mit Frau Maja Samimi und Herrn Dr. Beat von Scarpatetti
- dem Archiv der Akademie der Künste Berlin
- dem Filmgestalter Rudolf Zieglmeier, Halle
- Kristina Kujat („Lesepatin“, Halle)

*Ingeborg von Lips*

Ingeborg von Lips

**Der Hallische Magnet**

Johann Christian Reil

Johann Christian Reil (1759-1813) – ein vielseitiger Mediziner zwischen Aufklärung und Romantik. Aus Rhaude (Ostfriesland) stammend, wählte er die Universitätsstadt Halle a.d. Saale zum Wirkungsort. Ein später Wechsel nach Berlin änderte nichts an seiner Bedeutung für die Saalestadt. Er hatte die erste Kur-Badeanstalt geschaffen, auf ihn geht der Begriff „Psychiatrie" zurück. Die Aktion „Halle liest" würdigt seinen 250. Geburtstag u.a. mit diesem Lese-Buch.

Texte Reils zur Bade-Cur und Psycho-Cur, Briefe Wilhelm Grimms über den Kurverlauf, Grimms Märchen, E.T.A. „Hoffmanns Erzählungen" sind in dem vorliegenden Band enthalten.

---

ISBN 978-3-86634-688-8 Preis: 10,50 Euro
Paperback 199 S., 19,6 x 13,8 cm

ISBN 978-3-86634-687-1 Preis: 14,50 Euro
Hardcover 199 S., 20,2 x 14,5 cm

Winfried Burkert

**Der Chirurg Friedrich Gustav von Bramann**

Sach- und Fachliteratur

Prof. Friedrich Gustav von Bramann war als Direktor der Chirurgie der halleschen Universitätskliniken der Nachfolger von Prof. Volkmann. Doch die wohl größte Herausforderung seines Lebens hatte er zu bestehen, als er als Assistent Prof. von Bergmanns plötzlich vor der Aufgabe stand, den in San Remo lebensgefährlich erkrankten Kronprinzen Friedrich zu operieren. Gegen den Widerstand der englischen Vertrauensärzte der Kronprinzessin Victoria und unter widrigen Bedingungen gelang ihm die Operation des späteren deutschen Kaisers Friedrich III. Winfried Burkert beschreibt in dieser Biografie Leben und Leistungen eines bedeutenden Chirurgen, der Anfang des vorigen Jahrhunderts in Halle wirkte.

---

ISBN 978-3-86634-630-7 Preis: 18,50 Euro
Hardcover 100 S., 20,2 x 14,5 cm